# 中國學術思想 研究輯刊

## 三七編
林慶彰 主編

## 第12冊

### 《東方文明根本考》——
### 從中印比較文化學視域重新認識儒釋道（下）

徐達斯 著

花木蘭文化事業有限公司

國家圖書館出版品預行編目資料

《東方文明根本考》——從中印比較文化學視域重新認識儒釋
道（下）／徐達斯 著 -- 初版 -- 新北市：花木蘭文化事業有
限公司，2023〔民 112〕
目 2+176 面；19×26 公分
（中國學術思想研究輯刊 三七編；第 12 冊）
ISBN 978-626-344-180-4（精裝）
1.CST：文化研究 2.CST：比較研究
030.8                                        111021701

ISBN-978-626-344-180-4

中國學術思想研究輯刊
三七編 第十二冊                        ISBN：978-626-344-180-4

《東方文明根本考》——
從中印比較文化學視域重新認識儒釋道（下）

作　　者　徐達斯
主　　編　林慶彰
總 編 輯　杜潔祥
副總編輯　楊嘉樂
編輯主任　許郁翎
編　　輯　張雅淋、潘玟靜　美術編輯　陳逸婷
出　　版　花木蘭文化事業有限公司
發 行 人　高小娟
聯絡地址　235 新北市中和區中安街七二號十三樓
　　　　　電話：02-2923-1455／傳真：02-2923-1452
網　　址　http://www.huamulan.tw 信箱 service@huamulans.com
印　　刷　普羅文化出版廣告事業
封面設計　劉開工作室
初　　版　2023 年 3 月
定　　價　三七編 17 冊（精裝）新台幣 46,000 元　　　版權所有‧請勿翻印

# 《東方文明根本考》——
## 從中印比較文化學視域重新認識儒釋道（下）

徐達斯　著

## 十、問強章

子路問強。子曰：南方之強與，北方之強與，抑而強與？寬柔以教，不報無道，南方之強也。君子居之。衽金革，死而不厭，北方之強也。而強者居之。故君子和而不流；強哉矯。中立而不倚；強哉矯。國有道，不變塞焉；強哉矯。國無道，至死不變；強哉矯。

達斯按：寬柔以教，不報無道，顯然屬於高明守柔一路。《莊子》於《天下篇》論老、莊之徒曰：

以本為精，以物為粗，以有積為不足，澹然獨與神明居。古之道術有在於是者，關尹、老聃聞其風而悅之。建之以常無有，主之以太一。以濡弱謙下為表，以空虛不毀萬物為實。關尹曰：「在己無居，形物自著。」其動若水，其靜若鏡，其應若響。芴乎若亡，寂乎若清。同焉者和，得焉者失。未嘗先人而常隨人。老聃曰：「知其雄，守其雌，為天下谿；知其白，守其辱，為天下谷。」人皆取先，己獨取後。曰：「受天下之垢」。人皆取實，己獨取虛。「無藏也故有餘」。巋然而有餘。其行身也，徐而不費，無為也而笑巧。人皆求福，己獨曲全。曰：「苟免於咎」。以深為根，以約為紀。曰：「堅則毀矣，銳則挫矣」。常寬容於物，不削於人。雖未至於極，關尹、老聃乎，古之博大真人哉！

（莊周）獨與天地精神往來，而不敖倪於萬物。不譴是非，以與世俗處。

老、莊皆重超越、袪我執，不以主宰者、作為者、受用者自居，即所謂：「不敖倪於萬物」、「空虛不毀萬物」。所以對於世間，多採取柔弱寬容、含忍謙下、不譴是非的態度。孔子時儒道尚未分家，故孔子許其為南方之君子。此種作略，自保固然有餘，卻少雄強健行之氣，不足以救衰治蔽、弘道新民；此種心跡，高明固然有餘，卻少切實入世之功，尚不免有精粗本末之分別，不足以化氣率性、一以貫之。是柔而不剛者也

北方之強，但憑血氣之剛，雖能不執於生死，卻未免於我執我慢，故多為人慾之私所乘，流而為強橫貪暴，是入世而不能超越，剛而不柔者也。

陳柱《中庸通義》此條注謂，古來學說每分二派：一曰北派，一曰南派。北派尚剛，南派尚柔。墨子者集北派之大成者也，老子者集南派之大成者也。北派為入世派，南派為出世派。北派尊君，南派尊己。北派有為，南派無為。

有為莫如義，故墨子輕身而貴義；無為之道則反是，故老子貴身尚柔而賤義。若夫孔子，則尚中和，乃集南北之大成者也。

剛與柔，強與弱，世與出世，拯救與逍遙，是為兩端。孔子心目中的君子，執兩用中，無過不及，可以柔御剛，以弱處強，以出世心入世，以逍遙行拯救，所以才有和而不流、中立而不倚的境界，能做到剛柔相濟、極高明而道中庸。不但如此，國有道，君子不變未達之所守；國無道，君子不變平生之所受，是能擇且能守，率性而行者也。可見君子工夫綿密、志氣守一，動靜不失性命之本，不為功利、習氣所動。

《薄伽梵歌》第十八章第10～28頌分判三種知、行和作為者，其文曰：

知、業、作者，各分為三，氣性所成，爾其細參。

於萬有中，乃見一致，殊而不分，體一不易，如是而知，中和稱之。

於萬有中，但見分別，性異質殊，不齊紛雜，彼知如是，必屬強陽。

執偏為全，滯著癡迷，無見真諦，瑣屑支離，彼知如是，濁陰生之。

守乎禮義，離於執著，無染愛憎，不求業果，業而如是，和氣所作。

行於我慢，追逐欲利，為而不捨，操之尤力，業而如是，強陽所詣。

始於幻妄，肆意無度，貽人傷害，作繭自縛，業而如是，濁陰所務。

離貪袪慢，無染我執，成敗不計，乾健不息，作者如是，中和所依。

執著業果，不厭求索，貪穢嫉妒，悲喜交迫，如是作者，強陽所惑。

浮蕩粗鄙，頑梗詐偽，陰鷙怠惰，因循頹廢，如是作者，陰濁是謂。

知、行都可以在中和、強陽、濁陰之境中運作。故此，知、行和作為者都可以按照三極氣性被劃分為三類，活在中和之境受到推崇，而強陽、濁陰之境應予拒斥。活在中和之境的作為者不染貪著和我執，堅決果敢，無論成敗皆健

行不息。他的覺知是這樣的：他見到多中之一，或一切存在中的獨一不壞之真如。他行為的方式皆不違禮法經教，無所執著，不為好惡所動，不求功利業果。活在強陽之境的作為者貪圖業果，有害、激情、不純，為喜怒所擾。他的覺知是這樣的：他見到實在以種種方式被分割。他的行動帶著滿足私欲的動機，出之以艱辛掙扎和虛誇的我執。活在濁陰之境的作為者任性胡為、粗野、固執、懶散、憂鬱、拖拉；他的見識卑陋淺小，全無理性的根據，根本與真理無緣。他行為從不考慮後果、利弊或對他人的傷害，也不管自己是否有能力做到。由此可見，知、行之間並不存在真正的對立，相反，二者互相補充交織。擁有正確覺解或正見的人，行於中和氣性，遵循禮法，行動而不計功利。

據此分判，北方之強，應該屬於活在強陽之境的作為者，而君子則是活在中和之境的作為者。

## 十一、索隱章

> 子曰：索隱行怪，後世有述焉，吾弗為之矣。君子遵道而行，半途而廢，吾弗能已矣。君子依乎中庸。遯世不見知而不悔，唯聖者能之。

**達斯按**：索隱，深求隱僻之理，此知之過，好知而不落實於行；行怪，過為詭異之行，此行之過，盲行而未契合於理；知行不能合一，故兩者皆違離中和之道。然世人好隱求怪，攀新追奇，故彼輩亦足以欺世盜名，轟動一時，乃至為後世所稱述。

從《薄伽梵歌》的角度來看，這當然屬於強陽氣性下的知和行，如前一節所講到的，活在強陽之境的作為者貪圖業果，有害、激情、不純，為喜怒所擾。他的覺知是這樣的：他見到實在以種種方式被分割。他的行動帶著滿足私欲的動機，出之以艱辛掙扎和虛誇的我執。

與東方的知行合一相比較，西方思維下的學問、價值體系可以說都是索隱行怪。從希臘的哲學傳統一直到近代歐洲的哲學傳統，有一個基本設定，支配著西方人的精神、學術乃至典章制度。柏拉圖謂之 chorismos，即邏輯上的二分法。「無常生滅的哲學」與「永劫不變的哲學」在希臘哲學裏面，始終是二元對立無從解決。由此宇宙分裂為恒常不變的形而上界與生滅變化的形而下界。在下界者精神無從上達，在上界者則始終蔑視下界雅不願俯順訴情，始終無法在理論上協和統一。由此出發，西方人習慣於孤立地去看歷史、時間和事

件，過去、現在、未來皆不相銜接，乃成為一個又一個孤立的系統。在這種視角下，西方人的生命裏充滿了好奇心，厭古非今，寄厚望於將來，往往陷入浪漫主義的幻想。新奇的未來全然是一個孤立的系統，隔絕在過去與現在的一切影響之外。基於這種對時間的根本性誤解，乃產生錯誤的歷史觀念，誤以為時間的線性進程就是歷史的進步。方東美先生悲歎：

> 這種邏輯二分法的廣泛的運用，由廣大宇宙的截然分判，到人生活動的上下隔絕，而在歷史的演變上又形成虛妄的進步觀念。然後再以這個觀念作為價值衡量的標準。於是，宗教由過去演變到現在，「宗教死亡了！」哲學從過去演變到現在，「哲學死亡了！」進而言之，在此之後，無根的未來也只好說：「生命死亡了！」在這種情形下，泛觀近代西方的學術思想，宗教衰微，哲學智慧衰微，只剩下一個浪漫的情調：把一切希望寄託在未來，而未來又無從把握，終於產生現代世界學術思想史上的所謂無政府狀態。〔註22〕

　　西方自文藝復興以來，希臘人及中古哲學所縈心嚮往的超越的世界或凌駕自然界之上的價值領域，已經不能夠滿足近代西方人的要求。至十七世紀以後，大部分的西方思想家對於世界都採取一種自然主義的態度，精神和價值都被排斥在學問之外。從科學到邏輯知識論，都要把一切的價值化除掉，把宇宙化成中立的機械化宇宙。人在這樣的宇宙裏，只知拿科學的方法、知識、技術去瞭解、控制、操縱、掠奪自然界，這造成了人與自然、人與人、人與神明之間的隔絕與滅裂。探索不休的人類，也許有一天只會與機器相處，最終被自己所發明的機器所控制、奴役。

　　君子遵道而行，絕不半途而廢，且視富貴榮華如浮雲，雖遁世不見知而不悔。其知、行境界完全契合《薄伽梵歌》所謂活在中和之境的作為者：不染貪著和我執，堅決果敢，無論成敗皆健行不息。他見到多中之一，或一切存在中的獨一不壞之真如。他行為的方式皆不違禮法經教，無所執著，不為好惡所動，不求功利業果。

　　中國哲學在方法論上，不管建立哪一套思想系統，總是要求其廣大和諧、旁通統貫，最後把種種對立的系統化成完整的一體。就儒家而言，《論語》孔子語曾參曰：「吾道一以貫之」；《易》曰：「天地之道，貞觀者也；日月之道，貞明者也，天地之動，貞夫一者也。」道家則老、莊皆貴一，《老子》曰：「昔

---

〔註22〕方東美著：《新儒家哲學緒論》，《方東美文集》，武漢大學出版社，第 270 頁。

之得一者，天得一以清；地得一以寧；神得一以靈；谷得一以盈，萬物得一以生；侯王得一而以為正」，「是以聖人抱一以為天下式」；《莊子‧天下》曰：「古之所謂道術者，果惡乎在？曰：無乎不在。曰：神何由降？明何由出？聖有所生，王有所成，皆原於一。」究其根源，當出於《尚書‧洪範》之「建中立極」說。《洪範》九畤之五「皇極，皇建其有極」，其所謂「建中立極」即：「無偏無陂，遵王之義；無有作好，遵王之道；無有作惡，遵王之路。無偏無黨，王道蕩蕩；無黨無偏，王道平平；無反無側，王道正直。會其有極，歸其有極」。皇極，即是一，或太一。此亦中庸之所本。二會於中，中歸於極，失中而趨極，棄極以折衷，皆不得中庸之正解妙用，不免落入索隱行怪一路。西方是失中而趨極，其極必然超絕滅裂；宋儒受禪宗影響，首倡無極而太極，棄極以折衷，由此中庸失去最高價值、絕對真理的平衡，墮而為權變妥協。

在中國哲學裏面，很少像西方一樣從知識論上面，把作為客體的對象轉化成觀念的系統，然後從觀念的系統所形成的知識去籠罩世界，這是一種知識論的觀念論，其出發點在人與世界的主客對立，是「以我觀物」，執一端以攻異端，再將全體還原為一端，此即失中以趨極。而中國哲學的主流都是將人的生命展開去契合宇宙，表現人與天地萬物渾然一體。在這裡，人突破化除了渺小的私我情見，因此不再與世界對立，主客消融，物我一體，進而「以物觀物」，深入宇宙實相，並不人為取消對立的兩端，而是將兩端導入宇宙的根源處，由此尋求兩端的融通協和，建中以為皇極所用。

## 十二、費隱章

> 君子之道，費而隱。夫婦之愚，可以與知焉，及其至也，雖聖人亦有所不知焉。夫婦之不肖，可以能行焉，及其至也，雖聖人亦有所不能焉。天地之大也，人猶有所憾。故君子語大，天下莫能載焉，語小，天下莫能破焉。詩云：鳶飛戾天，魚躍于淵。言其上下察也。君子之道，造端乎夫婦；及其至也，察乎天地。

**達斯按**：費者，明也。《楚辭‧招魂》注：「費，光貌」，廣也。隱者，細也。中庸之道即超越而內在，即內在而超越。自其超越一面而言，則參天地、贊化育，至廣大極高明，故聖人亦有所不能不知；自其內在一面而言，亦不離於倫常日用，無非細而易行者，故夫婦之愚不肖可以能知能行。從現象層面來看，若不除我執二見，則天地之大，人猶不免有所憾恨；然從道的層面來看，

則其大無外，其小無內，大小無非道之流行化現，故範圍天地之化而不過，曲成萬物而不遺。《易傳》曰：「一陰一陽之謂道。繼之者善也，成之者性也。仁者見之謂之仁，知者見之謂之知，百姓日用而不知，故君子之道鮮矣」，天道人性，相生相應，無往而不在，無時而或離，獨君子能繼能成也。故知天者必知人，知人者必知天，天人不隔，盡性可以希天，立命所以復性。《孟子·盡心》曰：「盡其心者，知其性也。知其性，則知天矣。存其心，養其性，所以事天也。殀壽不貳，修身以俟之，所以立命也」《易傳》曰：「和順於道德而理於義，窮理盡性以至於命」，皆言天人之際活潑潑地，寂然不動，感而遂通。所謂「鳶飛戾天，魚躍于淵」，天、淵雖遠，而鳶、魚自有感通，上下察也，見得天地萬物本為一體。《大雅·大明》：「明明在下，赫赫在上」。《大雅·旱麓》：「鳶飛戾天，魚躍于淵。豈弟君子，遐不作人」，君子善於發現、培養人才，而人才亦待君子之賞識、提拔，二者關係一如鳶、魚之相應相感。諸家注釋皆從道之無所不在闡解此句，而未拈出天人感通一層意思，致使往聖古意闇而不明。

「造端乎夫婦」即「和順於道德而理於義」，「及其至也，察乎天地」即「窮理盡性以至於命」，陽明有詩：「不離日用常行內，直造先天未畫前」，便是形容這等即內在而超越、即超越而內在的天人一貫、上下打通的境界。

《中庸》這段文字可以與《伊莎奧義書》相參證。徐梵澄先生於奧羅頻多《伊莎奧義書》疏釋之前記部分總結此《奧義書》云：

> 此《奧義書》之中心思想，乃調和基本相反對者，如：一與多，體與用，明與無明，變易與不變易，動之神聖個人性，與靜之神聖非個人性，棄捨與享受、作業與內中自由，上帝與塵世，斯世彼世生生死死與無上永生。凡此種種似相違背者，此《奧義書》皆使人識其和諧，見其真元為一體也。〔註23〕

作為天啟的《伊莎奧義書》〔註24〕云：

> 自在居住在活動於這個世界的所有這一切中；你應該通過棄絕享受，不要貪圖任何人的財富。
>
> 人應該在這世上做事，渴望長命百歲；你就這樣，而非別樣，

---

〔註23〕徐梵澄著：《徐梵澄文集》，華東師範大學出版社，第 16 卷，2006 年版，第 535 頁。
〔註24〕黃寶生譯：《奧義書》，商務印書館，2014 年版，第 247 頁。

業不會沾染人。

那些名為阿修羅的世界，籠罩蔽目的黑暗，那些戕害扼殺自我的人，死後都前往那裡。

唯一者不動，卻比思想更快，始終領先，眾天神趕不上它；它站著，卻超越其他奔跑者，在它之中，風支持所有的水。

它既動又不動，既遙遠又鄰近，既在一切之中，又在一切之外。

在自我中看到一切眾生，在一切眾生中看到自我，他就不會厭棄。

對於知者來說，自我即是一切眾生；他看到唯一性，何來愚癡？何來憂愁？

他遍及一切，光輝，無身軀，無傷痕，無筋腱，純潔無瑕，不受罪惡侵襲；他是聖賢，智者、遍入者、自在者，在永恆的歲月中，如實安置萬物。

那些崇尚無知的人，陷入蔽目的黑暗；那些熱衷知識的人，陷入更深的黑暗。

我們聽到智者們向我們解釋說：那不同於無知，也不同於知識。

同時知道無知和知識這兩者的人，憑無知超越死，憑知識達到不死。

那些崇尚不生成的人，陷入蔽目的黑暗，那些熱衷生成的人，陷入更深的黑暗。

我們聽到智者們向我們解釋說：那不同於生成，也不同於不生成。

同時知道生成和不生成這兩者的人，憑毀滅超越死，憑生成達到不死。

據黃寶生先生注，自在（Isha）指主宰世界一切的神，至高的自我或靈魂，也即大梵或超靈。無知（avidya）指行動，尤其指祭祀活動。知識（vidya）指智慧，尤其是有關神或梵的智慧。前一種人有行動，無智慧；後一種人，有智慧，無行動。偈頌 10、11 意為只有行動和智慧結合，才能通過行動超越死，通過智慧達到不死，即達到永恆。其方法就是「通過棄絕享受」（應該是「通過棄絕而享受」，徐梵澄譯為「以此棄捨兮，爾其享受」，較準確），即菩提瑜伽之行動而不執著業果，不以作為者、主宰者、受用者自居，由此獲得智慧，

享受內樂。這種知行合一的工夫論源於即超越又內在的本體論：不生成與生成，本體與現象，兩者不能割裂，因為至高自我或宇宙超靈「既在一切之中，又在一切之外」，「自在居住在活動於這個世界的所有這一切中」。如是，至高自我與眾生亦一體相通，「在自我中看到一切眾生，在眾生中看到自我」，甚至「自我即是一切眾生」，眾生以及人性也是至高自我的一種本真表現，雖然極其微小。一旦覺悟到此「唯一性」，自然不復為塵世表象所迷惑，棄絕乃成享受，不再「貪圖任何人的財富」，雖作為於世間而不受罪業染污，「人應該在這世上做事，渴望長命百歲；你就這樣，而非別樣，業不會沾染人」。表面上看來，知者之作為跟愚夫愚婦似乎毫無區別，並沒有什麼驚世駭俗之舉，所不同者，執與不執，內在之覺知耳。憑藉此覺知之擴充昇華，知者可以發明本性，超脫生死，上與宇宙本源相感通。此即《薄伽梵歌》第二章49、50頌所謂：

> 以菩提瑜伽之力而盡棄惡行，爾其於菩提之中歸命太一，檀南遮耶！執著業果者既吝且鄙！

> 但以菩提而妙用，遠離苦樂於物表，是故勤力於瑜伽，彼為萬行之妙道。

作為萬行之妙道，菩提瑜伽與中庸可謂妙契無間、相互輝映。《伊莎奧義書》與《中庸》之間，似乎也存在著若隱若現卻又強而有力的道脈上的關聯。

## 十三、不遠章

> 子曰：道不遠人。人之為道而遠人，不可以為道。詩云：「伐柯伐柯，其則不遠。」執柯以伐柯，睨而視之。猶以為遠。故君子以人治人，改而止。忠恕違道不遠。施諸己而不願，亦勿施於人。君子之道四，丘未能一焉：所求乎子，以事父，未能也；所求乎臣，以事君，未能也；所求乎弟，以事兄，未能也；所求乎朋友，先施之，未能也。庸德之行，庸言之謹；有所不足，不敢不勉；有餘，不敢盡。言顧行，行顧言。君子胡不慥慥爾。

達斯按：率性之謂道，固一切眾生之所能知所能行也，故常不遠於人也。而人多以為道在玄遠微渺處，反務為高遠難行之事，又一味高推聖境，轉使道與自家本分事毫不相干，墮而入索隱行怪一路。是故聖人教人，只是要人切問近思，於平常日用之間，切切實實針對當下一念加以反躬自省、深思改悔，務必觸動良知本性，放下私心我執。所謂以人治人，即責之以其所能知能行，非

欲其好高騖遠，遠人以為道也。孔子教人以忠恕為入道之門徑，可謂切近，務要人改過自勉，所謂執柯（斧柄）以伐柯也。蓋盡己之心為忠，做事盡心盡力盡職而不以功利為動機，則仁心漸生，私我漸除，乃不復以自我為中心、為索取者、佔有者與享受者；推己及人為恕，待人則以責人之心責己、以愛己之心愛人，己所不欲勿施於人，學會換位思考，如是驕慢、嫉妒、仇恨、主宰之心漸消。是以忠恕貌似庸德庸行，甚為卑近，但若勉力而行、持之以恆，久之必能化除我慢我執，調適上遂而知性知天。熊十力先生亦以為忠恕最能破除我執。《論語・里仁》云：

> 子曰：「參乎！吾道一以貫之。」曾子曰：「唯。」子出，門人
> 問曰：「何謂也？」曾子曰：「夫子之道，忠恕而已矣。」

曾子謂「夫子之道，忠恕而已矣」，是從入道門徑言，而道亦無非將忠恕推至極致，徹底打破我慢我執，以謙卑無我之心與天地萬物為一體，移忠恕以敬天愛人。忠恕的本質，是對良知本性的承當，與對天命的敬畏皈順。所以忠恕既是工夫、手段，也是最終極的境界、成就，是為吾道一以貫之。孔子之言徹上徹下，曾子切實，故從工夫、門徑落語。

君子之道四以下數語，皆夫子自道。對於子、臣、弟、朋友，夫子皆以責人之心責己，乃悔悟己事父、事君、事兄、事朋友之不足，其忠恕謙下之情懷宛然可見。凡此雖庸德之行，庸言之謹，然德不足而自勉，則行益力；言有餘而收斂，則謙益至。謙之則言顧行矣，行之則行顧言矣。訥於言而敏於行，是誠篤實君子也。

關於修煉之不同門徑及次第，《薄伽梵歌》第十二章8～12頌有所分揀，其文曰：

> 心住於我，持以菩提，爾其歸我，決定無疑。
> 檀南遮耶！若爾不能，心住於我，其修瑜伽，求臻於我。若爾
> 不能，修證瑜伽，為我作業，將獲圓成。
> 若爾不能，為我而作，但捨業果，克己自勝。
> 此若未能，則致爾知，禪優於知，捨離更勝，行乎捨離，乃得
> 清淨。

此段文字闡述了隱伏在整部《薄伽梵歌》之下的階梯性原則。其闡述方式是自上而下的，有別於從第二章以來所呈現的自下而上的階梯層級。就境界而言，本節的討論始於第三層，即專注於對神聖的體驗，接著下行至第二層，論

述受塵世捆縛者為求取解脫而進行的努力，最後再降到第一層。最高境界是一心凝注於至尊者，由於它是隨性自發的，所以不需要任何外在的約束，如是可謂之自發性奉獻階段。較低的層面是持續不斷的修煉（abhyasa），跟最高境界不同，這個層面特別注重各種瑜伽原則和戒律。因為巴克提在此採取了瑜伽修煉的形式，所以可以稱其為巴克提瑜伽階段。下一個階段是奉獻給克里希那的行動；這類行動是根據正法而採取的行動，因此，它是按照踐行者的天性而被實踐的，其果實被奉獻給無上者。可以把它歸於行動瑜伽。再下一個階段是捨棄業果；這是一種自我約束，自然會帶來寧靜。相對於把業果奉獻給無上者的較高階段，這個階段所促發的是一種一般性的捨離，故此被認為是較低級的。再低一層的是觀修，其次是致知，最後是實踐，這並不是指階梯之第二層所提到的瑜伽修煉，而是指吠陀典之實踐。

　　簡而言之，此階梯從位於「第三層」的覺知完全凝注於克里希那開始。下一個較低的階段是直接的巴克提瑜伽修煉，再下一個階段是為克里希那而作為，並把功果奉獻給他，這兩個階段都代表了「第二層」的位置。比這更低的是「第一層」捨棄業果的位置，隨後是觀修、致知和實踐。此處對行動瑜伽勝於智慧瑜伽的論述是毫不含糊的，這不但跟《薄伽梵歌》的總體姿態是一貫的，也跟第十二章內容一致，按照本章的說法，積極奉獻或服務比形而上思辨之途更高超。

　　顯然，孔子所謂的「忠恕」相當於處在奉愛階梯最底層的「實踐」階段的按照吠陀典或法而進行的倫理實踐。所謂「實踐」階段又可以細分為三層：在最低一層，人的行為受到單純的實用主義驅策，因而，人在這個層面行動的目的直接就是為自己獲得一些好處。第二層是「法的實用主義」，人服從法，好在今生或來世得到某種幸福的結局。第三個層面是為法自身的緣故而持守法，或為職分的緣故而履行職分，如《薄伽梵歌》第二章第 38 頌所說：

　　　　為戰而戰，不計休咎，等視苦樂，不執得失，如是而戰，何罪
　　之有？

　　「為職分的緣故而履行職分」也即「行乎捨離」的層面代表一種純粹的心態，它驅除了求取功果的欲望，乃是《薄伽梵歌》的核心教導之一。這樣，儘管外表上還是在踐行世間職分，但修行者已經通過行為動機的提升或淨化經歷了內在覺知的轉化。這樣，一道階梯形成了，通過這道階梯，從法到解脫，修行者沿著自我超越或自我覺悟之途越升越高。

無疑，「為職分的緣故而履行職分」體現了「忠」的原則，而「恕」也蘊涵了捨離、不執，體諒別人，意味著放棄種種以孤立的自我為中心的「意必固我」，從而使個體的人同人類群體聯繫起來。「為職分的緣故而履行職分」是奉愛階梯的開端，忠恕同樣也是入道的門徑。雖然君子不離世間倫常，但通過忠恕之實踐，其心性漸漸得以發明，由此乃可以知性知天，走向超越之途。忠恕是仁的直接體現，而仁可以與巴克提或奉愛相印契。就巴克提瑜伽而言，巴克提即是手段，也是終極的成就，可謂「一以貫之」。菩提瑜伽，或現世實踐中的巴克提瑜伽，強調履行法或倫常職分為終極自我轉化中一種不可消解的真實。一如杜維明先生對儒學宗教性之人文特徵的理解：

> 一個人只有愛社群才能充分地成為人。儒家深信，一般說來，我們最好通過社群參與，同超越者進行富有成果的溝通。……較為可取的做法，是把社群的所有層面（家庭、鄰里、宗族、種族、民族、世界、宇宙）都整合進自我轉化的過程之中。

> 儒家倡導的人文主義，既不否認也不輕視超越者。……根據儒家的包容的人文主義，學習充分地成為人的過程，不僅必須有社群的參與，而且也必須有「一種對超越者的誠敬的對話性的回應」。……這種敞開既是對天命的回應，也是人性的完成。這種天人之間的互動性，使我們有可能把超越體察為內在。〔註25〕

實際上，在成熟的階段，社群參與本身就是對天命的回應或對超越者的誠敬的對話性的回應。人事即是天命，天命不外人事，天人已經完全合而為一。儒家「包容的人文主義」之巴克提特徵至此呈露無餘。在《薄伽梵歌》的最後一章55～57頌，向阿周那開示完最高妙的天人奧義之後，克里希那要求阿周那去戰鬥，因為那是他的職分：

> 覺我之道，唯巴克提，孰證天理，必我來依。
> 雖作諸業，常住於我，我賜彼土，永在不滅。
> 心住於我，全然歸命，為我而作，與我相應，如是覺我，入乎妙明。

不過，此時的世間職分已經具有了超越性，成為表達巴克提的一種手段，也就是「同超越者的誠敬的對話性的回應」。這樣一種行為，雖然表面上看來是社會學性質的，但是卻具有深刻的倫理宗教的意義。誠如杜維明先生所指出

---

〔註25〕杜維明著：《中庸：論儒學的宗教性》，三聯書店，2013年版，第117頁。

的：「人們所熟悉的儒家觀念，如仁、恕、孝和誠等，既可視為社會倫理中的行為規則，又可視為天人一體的基本原則」。〔註26〕

## 十四、素位章

> 君子素其位而行，不願乎其外。素富貴，行乎富貴；素貧賤，行乎貧賤；素夷狄，行乎夷狄；素患難，行乎患難。君子無入而不自得焉。在上位，不陵下；在下位，不援上；正己而不求於人則無怨。上不怨天，下不尤人。故君子居易以俟命，小人行險以徼幸。
>
> 子曰：「射有似乎君子。失諸正鵠，反求諸其身。」

**達斯按**：本章承上章夫子自道而來，彰顯持守忠恕者所表現出來的修為境界。「素富貴行乎富貴」，不驕不淫也；「素貧賤行乎貧賤」，不諂不懼也；「不陵下不援上」，自足無求也。君子內行忠恕之道，外則守分盡職，但求自家心性之發明，並不計較功利得失，緣其無所執著，不以宰治者、佔有者、受用者自居，故無入而不自得。子曰：「不怨天，不尤人。下學而上達。知我者其天乎！」君子責己而不責人，一皆本於忠恕，由此自外緣而返轉內心、自人事而上達天命，是為孔門心法。孔子欲以天為知音，正體現了「同超越者的誠敬的對話性的回應」。杜維明先生深刻地闡發了君子以有限博取無限、處內在上通超越的獨特的生存處境，其言曰：

> 我們之嵌陷於某一特定的塵世處境，並不妨礙我們參與群體的，而且事實上也是神聖的終極的自我轉化的工作。把結構性的偏限轉化成自我實現的工具的機會，是人人相殊的，但對所有人來說，都是可資利用的。〔註27〕

同樣地，作為全書的總結，《薄伽梵歌》第十八章之45～49頌論述了忠於法所賦予的職分的必要性及其所內涵的超越性：

> 各盡己分，人皆入聖，如何成就，爾其諦聽。
>
> 孰彌六合，為天下母？盡孝事彼，君子成務。
>
> 行義有失，勝於代庖，守分盡忠，永無惡報。
>
> 貢蒂之子！職分天賦，有疵無棄，動必有過，煙為火蔽。

踐行世間職分即使會遇到諸多侷限，產生諸多過錯，但因為職分來自個人

---

〔註26〕杜維明著：《中庸：論儒學的宗教性》，第131頁。
〔註27〕杜維明著：《中庸：論儒學的宗教性》，三聯書店，2013年版，第125頁。

所受之氣稟，亦超越者之所施加，故不可隨意棄捨。相反，守分盡職，表現出君子對超越者的敬畏和奉獻，君子藉此以成就其性命之真。轉俗諦為妙用，其中的關鍵，即覺知之改變或內在心性之轉化，亦即《中庸》之「正己而不求於人。」

上章所引《薄伽梵歌》第十二章 8～12 頌，論修煉門徑與次第，也是緊接著，第 13 頌便開始描述巴克陀（Bhakta）即巴克提瑜伽之踐行者所呈顯的道德修為境界：

> 心無嫉妒，但存慈仁，離於我所，我執不生，等視苦樂，以恕待人，知足精進，克己堅忍，心住於我，持以菩提，彼巴克陀，我所愛珍。

> 不責於人，不為人擾，離乎苦樂，憂懼不驚，人而如斯，為我所親。

> 不凡超俗，精純明敏，無憂無慮，無求利名，彼巴克陀，為我所親。

> 無喜無悲，不求不忮，兩皆無作，善不善事，彼巴克陀，為我珍視。

> 敵友齊觀，榮辱等平，寒暑苦樂，順受不驚，凡情世諦，咸無所嬰。

> 毀譽不動，常守玄默，隨緣任運，少欲澹泊，立志堅忍，傾情事我，人而如斯，受我福祚。

> 全力修煉，此甘露法，寄心於我，以為究竟，彼巴克陀，我最親近。

其中體現出來的品質，無外忠恕、知足、超脫、順服，完全可以移之於孔子所說的君子。且凡此諸德，皆從中和氣性衍生凝聚，是故亦不妨視為中庸之德。一個渴望與超越者合一的踐行者，不僅要以全付身心關注天命、天道，更須修身敬德，並在自己的生活和社群參與中表現出實際的轉化。事實上，孟子就曾警告過他那個時代的統治者。他說，即使他們在祈禱和獻祭時完全服從天，但是，如果得不到人民的支持，他們也很可能喪失天命。他引用《尚書》作為其立論的依據：「天視自我民視，天聽自我民聽。」這意味著，如果我們拋棄了人道，就永遠得不到天的認可與福祚。馬王堆帛書《易傳‧要》篇有一段孔子答子贛（貢）的話，論述德與天命、天道的關係：

贊而不達於數，則其為之巫；數而不達於德，則其為之史。

在這段話裏，孔子區分了巫、史、儒。他認為只知祝禱而不瞭解天道變化的理數，這是巫。明瞭天道變化的理數而沒有內在之德，這是史。幽贊而明於數，通數而達於德，這才是儒。這裡所說的史，具體是指行蓍占的史官。聖人不同於偏執一端的巫、史之處在於，聖人之道涵攝了贊、數、德。贊是愛敬通於神明，數是智慧彌綸天地，而德是天命之性的真實發露，是愛和智慧的基底。沒有智慧，天命將流於迷信；沒有明德，智慧不過是求利的方技；愛敬沒有通於神明，則一切明德、智慧皆失去了最終的歸宿和依據。《易·說卦》云：

> 古者聖人之作《易》也，幽贊於神明而生蓍，參天兩地而倚數，觀變於陰陽而立卦，發揮於剛柔而生爻，和順於道德而理於義，窮理盡性以至於命。

贊、數、德、理、性、命貫穿於易道，相互輔助生發。馬王堆出土帛書《德行》曰：

> 幾而知之，天也。幾也者，持數也。唯有天德者，然後幾而知之。「上帝臨汝，毋貳爾心」。上帝臨汝，（缺）幾之也。毋貳爾心，俱幾之也。

有天德者能持數，乃至知天，此謂「幾」。《易·繫辭下》云：「聖人之所以極深而研幾也，唯深也故能通天下之志，唯幾也故能成天下之務」。孔穎達疏：「研幾者，參伍以變，錯綜其數。通其變，遂成天地之文，極其數，以定天下之象，是研幾也。」值得注意的是，帛書把「上帝臨汝，毋貳爾心」作為「幾」的目標，其鮮明的人格神色彩，與《薄伽梵歌》所稱揚的巴克提道可謂息息相通，自然也屬於「同超越者的誠敬的對話性的回應」。

# 十五、行遠章

> 君子之道，闢如行遠必自邇，闢如登高必自卑。詩曰：「妻子好合，如鼓瑟琴。兄弟既翕，和樂且耽。宜爾室家，樂爾妻帑。」子曰：「父母其順矣乎。」

達斯注：這裡引用的詩句出自《詩·小雅·常棣》之篇，夫子誦此詩而贊之曰：「人能和於妻子，宜於兄弟如此，則父母其安樂之矣。」蓋盡人道者本乎孝，孝之本在乎和，能致家庭之和氣，而後乃可孝順其父母也。故《孝經》

曰：「治家者不敢失於臣妾，況妻子乎？故得人之歡心以事其親。」要讓父母安樂，直接侍奉他們並不難，難在取悅服務父母身邊的人。因為敬重孝順父母乃人之天性，而與輩份相同的兄弟妻子臣妾相處，卻需要謙下忍讓付出，放下種種驕慢嫉妒自私，如此才能致家庭之和氣。換言之，必須持守忠恕的原則，不以自我為中心，不以自我為宰治者、佔有者、受用者，於一切時地，對一切人，始終保持服務的心態。

通過這樣的人倫磨煉，我執我慢乃漸漸得以化除。其效用之深刻持久，絕不亞於在山林岩穴寺廟中離塵苦修。

從橫向來說，孝達於天下四表，楊雄有言：「孝莫大於寧親，寧親莫大於寧神，寧神莫大於四表之歡心，謂得四表之歡心，莫不本乎孝順之道。」從縱向來說，孝上通鬼神上帝。蓋儒家以孝來化解人類以自我為中心的幻念，從而生發個體的愛敬之心，《孝經》曰：

> 身體髮膚，受之父母，不敢毀傷，孝之始也。立身行道，揚名於後世，以顯父母，孝之終也。夫孝，始於事親，忠於事君，終於立身。《大雅》云：「無念爾祖，聿修厥德。」

> 子曰：「愛親者，不敢惡於人；敬親者，不敢慢於人。愛敬盡於事親，而德教加於百姓，刑於四海。蓋天子之孝也。《甫刑》云：『一人有慶，兆民賴之。』」

又《禮記·哀公問》曰：

> 孔子遂言曰：昔三代明王之政，必敬其妻子也。有道，妻也者，親之主也，敢不敬與？子也者，親之後也，敢不敬與？君子無不敬也，敬身為大。身也者，親之枝也，敢不敬與？不能敬其身，是傷其親；傷其親，是傷其本；傷其本，枝從而亡。

身體以及與身體相關的一切都不屬於自我，而從屬於更高的以「親」為載體的天地神明，如此所謂的「我執」、「我所」皆被打破，個體與天地神人打成一片感通共存。故《孝經》云：

> 昔者明王事父孝，故事天明；事母孝，故事地察；長幼順，故上下治。天地明察，神明彰矣。故雖天子，必有尊也，言有父也；必有先也，言有兄也。宗廟致敬，不忘親也；修身慎行，恐辱先也。宗廟致敬，鬼神著矣。孝悌之至，通於神明，光於四海，無所不通。《詩》云：自西自東，自南自北，無思不服。

　　由事父而事天、事母而事地，其要就在破除孤離的身見，將父母視為天地鬼神的表顯。對於儒家來說，對待父母的方式，象徵著人之為人而活著的方式以及與自然互動並與天溝通的方式。對此，杜維明先生指出：「儒家看到了人類對祖先的孝敬與對天的敬畏之間的對應關係。孝祖和敬天，在儒家天人一體世界觀中是兩條並行不悖的原理。」〔註28〕辜鴻銘先生也在其《中庸》譯注中提到孝：「並不單單是一個孝子，而是有著拉丁文 pius 的意思——即完整意義上的孝敬，既指虔敬上天，孝順父母，也指在所有的生活關係中都善良、守信且做得有條有理」。〔註29〕

　　儒家認為，人類對家庭其他成員的真實情感是自我轉化的有力手段，沒有必要疏離家庭以謀求精神之超越。當我們具有忠恕的能力時，我們就使自己超出了自我中心主義，把封閉的自我轉化成了開放的自我。倘若沒有這種面向天地神明的自我轉化和自我開放，儒家的孝親觀念就會墮入裙帶關係、地方觀念、種族中心主義乃至人類中心主義。正是「行遠自邇，登高自卑」的覺解，使君子之孝普遍化，而不是固著在父母身上。如是父母已被賦予了宇宙義，而孝也得以成為精神源動力，激發君子將忠恕之道層層推擴至家國天下乃至天地萬物鬼神。

　　儒家之孝涵蓋愛和敬兩方面，與《薄伽梵歌》所推揚的巴克提頗為契合。巴克提，或說奉愛，是《薄伽梵歌》的主要成分之一；它代表了對至上的一種愛敬之心，在巴克提的語境裏，至上一般是以人格性方式被憶念的。深入觀察具有巴克提特徵的情感狀態，可以識別出愛、奉獻、取悅至尊主的渴望、對他的依賴感、讚美他以及跟其他奉獻者即巴克陀（bhakta）分享讚美之情的渴望、透過世間職分服務至尊主的渴望、對他的忠誠感、崇拜他的渴望、向他奉獻各種禮物比如鮮花、水果的渴望。克里希那，根據《薄伽梵歌》，乃是至尊主本人，是奉獻的對象，絕不會對奉獻者漠不關心，相反，他對他們或她們情深愛篤、呵護倍至。同樣，對父母的愛敬孝順，作為一種世間職分，在《孝經》裏也具有超越性意義，所謂「事父孝，故事天明；事母孝，故事地察」，「聖人因嚴以教敬，因親以教愛」，「愛敬盡於事親」，都是旨在將本於事親的愛敬推擴昇華，實現超越，以至於「天地明察，神明彰矣」，成為跟超越者相交流的服務奉獻之心，也就是巴克提。

〔註28〕杜維明著：《中庸：論儒學的宗教性》，三聯書店，2013 年版，第 130 頁。
〔註29〕辜鴻銘譯注：《中庸》，天津社會科學院出版社，2015 年版，第 270 頁。

　　巴克提的一個最重要的原則就是：奉獻者應該以「僕人的僕人」的心態服務奉獻至尊主，直接親近至尊主被認為是一種僭越。在《原始往世書》（Adi Purana）中，克里希那對阿周那說：「自稱是我的奉獻者的人不是我的奉獻者，我的奉獻者的奉獻者才真的是我的奉獻者」。

　　直接親近至尊主是危險的，因為這會使自我膨脹，從而失去靈性的視域。所謂「僕人的僕人」，實際是「行遠自邇，登高自卑」原則的一種體現，經此一曲折，奉獻者乃學會謙卑，不斷破除我執，推擴其奉獻的對象，最終在一切之中看到至尊主的臨在，因為，終極說來，眾生在本性上都是奉獻者。如前引《薄伽梵歌》第 12 章第 12 頌所說：

> 心無嫉妒，但存慈仁，離於我所，我執不生，等視苦樂，以恕待人，知足精進，克己堅忍，心住於我，持以菩提，彼巴克陀，我所愛珍。

　　正是這種盡職守分、造福世間，以忠恕對待一切眾生的謙卑心態，使巴克提並非僅僅孤懸於塵世之上的超越世界，而得以扎根於人倫日用之間。通過巴克提，事天與事人打通為一。如此，一方面，人倫道德獲得了超越性和神聖性，另一方面，神聖和超越流注下貫於世間，成為即超越而內在的無所不在的存在。徐梵澄先生在其所譯《薄伽梵歌論》序言中曾總結儒家與《薄伽梵歌》之教之間的異同，其文曰：

> 　　內聖外王之學，至宋儒而研慮更精，論理論性論氣論才，稍備矣。勘以此歌主旨，則主敬存誠之說若合焉；理一分殊之說若合焉；敬義夾持之說若合焉，修為之方，存養之道，往往不謀而同；在宋世釋氏且為異端，印度數更無聞焉，自難謂二者若何相互濡染，然其同也，不誣也……
>
> 　　二千五百餘年前，印度教與儒宗，兩不相涉，其相同也若此！尤可異者，孔子之教一集大成，三代文物禮教之菁華皆攝，而後有戰國諸子之爭鳴。在印度則此書之法一集大成，盡綜合古吠陀等教義而貫通之，而後有諸學派及經典競起。其運會之相類又若此！
>
> 　　觀其同，固如是矣，以明通博達之儒者而觀此教典，未必厚非。若求其異，必不得已勉強立一義曰：極人理之圓中，由是以推之象外者，儒宗；超以象外反得人理之圓中者，彼教。孰得孰失，何後何先，非所敢議矣。三家以儒最少宗教形式，而宗教形式愈隆重者，往往如

風疾馬良，去道彌遠，於此歌可以無憾，可謂一切教之教云。〔註30〕

所謂「極人理之圓中，由是以推之象外」，是即內在而超越；所謂「超以象外反得人理之圓中者」，是即超越而內在。將近百年前，梵澄先生已發此巨聲，而其後反成絕響，華夏學術之運會，確實令人扼腕唏噓！

實際上，「極人理之圓中，由是以推之象外」跟「超以象外反得人理之圓中者」並不衝突，反而互相融攝彌縫。前者依靠後者而得以綱維並超拔於高明悠久，後者借助前者乃成其廣大和諧。由是推判，則耶教、墨子皆為「超以象外未得人理之圓中者」，而宋明以後諸儒可謂「極人理之圓中未能由是以推之象外者」。故墨子揚天志而滅人倫，孟子譏之為無父無君；耶教以孤離有罪的個體直面無限超絕的上帝，天道人事完全打成兩橛，由於缺少人世性情的滋潤支持，天人關係始終處於恐怖與怖栗之中；而宋明以後諸儒受佛家影響，抹殺天人之分，將君親視為天地，天地反成了無造作的理與無計較的氣，遂開以人篡天、以理殺人之風，而儒教失去天命之綱維，亦日漸衰歇腐朽。

## 十六、鬼神章

> 子曰：鬼神之為德，其盛矣乎。視之而弗見；聽之而弗聞；體物而不可遺。使天下之人，齊明盛服，以承祭祀。洋洋乎，如在其上，如在其左右。詩曰：神之格思，不可度思，矧可射思？夫微之顯，誠之不可揜，如此夫。

**達斯按**：前章言孝順父母之道，本章則上達至於致孝鬼神，其前後脈絡了然可見。朱子曰：「為德，猶言性情功效」，鬼神在這裡具有人格性，能夠與人感應溝通，進而賞善罰惡、降禍賜福，應該是顯而易見的。「視之而弗見，聽之而弗聞」、「夫微之顯」與第一章之「君子戒慎乎其所不睹，恐懼乎其所不聞」、「莫見乎隱，莫顯乎微，故君子慎其獨也」遙相呼應。道不離鬼神，即道之具有人格性，於此彰顯無疑。其間又引證《詩經》，大致意思是說：『神的降臨，不可揣測，怎麼能夠怠慢不敬呢？』。總的來看，本章應該屬於一種「贊」的體例。

朱、張、程諸子皆以氣化功用闡鬼神，鬼神之古義與道之人格性面相遂悄然隱沒，《中庸》之全篇脈絡亦隨之破碎散亂，幾乎成為一篇拼湊而成的格言集。最詭異奇葩的是民國經學家陳柱，一九一六年和一九三一年兩次注解《中

〔註30〕徐梵澄譯：《薄伽梵歌論》，商務印書館，2010 年版，第 465 頁。

庸》，其一名《中庸通義》，其一名《中庸注參》。《通義》不失古義，此章按語中有謂：

> ……遂以孔子拒子路問事鬼神之語，不語怪力亂神之說，謂孔子不得與於宗教之列，夫豈不妄哉？夫孔子之學具乎六經。今考諸六經，《易》言鬼神吉凶，《詩》《書》稱上帝，《春秋》著災異，《樂》言率神，《禮》言居鬼，是為言鬼神乎？不言鬼神乎？今不通六經之旨，而妄以一端論聖人，亦多見其不知量也。

以《六經》證《論語》，破除無神論，符合往古聖教之大旨源流。但是到了《注參》，卻來了一個三百六十度大反轉，此章按語云：

> 此雖言鬼神之德之盛，然而云「不見」、「不聞」，云「如在」，則非以為真有鬼神之形狀可知。故儒家之言鬼神，與墨家之明鬼不同。

居然無視「莫見乎隱，莫顯乎微」，對「不見」、「不聞」、「如在」作牽強的解釋，以證鬼神形狀之無稽。且《通義》中大贊墨子，《注參》則強調儒家之言鬼神與墨家之明鬼不同。據作者《注參》之《自序》，則「治學之方，今則大異於昔」。又《中庸通義跋》自謂寫此書時「篤志為聖人之道」，「然少年希聖希賢之志，固有非今日所能逮者」。總起來看，陳柱顯然是受了胡適以「以科學方法整理國故」的影響，所以後來棄師承之「聖人之道」於不顧，主要採戴東原之說，重新注解了《中庸》。從這樁公案，我們可以看到闡發「聖人之道」之艱難與學術演化之曲折，太多的時代、環境、學術思潮、個人性情因素影響了對經典的理解。只有把經典放到整個學術根脈上，才能準確把握其總體旨趣，不至於執一曲而裂大體。

從目前已有的文獻、考古、出土簡帛研究來看，從三代到孔子，華夏一直崇拜自然神、祖宗神以及凌駕於兩者之上的最高神，殷人稱之為「帝」，周人稱之為「天」。「帝」跟後來的北極主神崇拜有關，而「天」似乎更具超越性和普遍性，但其人格性還是顯而易見的。不過，周代彝銘也有「唯皇上帝百神」的說法，可見「天」和「上帝」其時應該是兼用的。西周的文獻中，上帝與天，有時候可以換位。周人立國，並沒有對最高神——帝，有所蔑視。百神的存在，表明一神與多神兼而有之。饒宗頤先生認為殷周宗教「應該說是 henotheism，有點像印度吠陀時代的宗教，崇拜一神而不排斥他神，仍然具有 henotic（調和

的）特徵。」〔註31〕

　　殷周對上帝鬼神的崇拜，結合了宗族和王制，而不是由個體直接面對上帝。家族制度是殷周社會最普遍的神靈秩序與人世秩序之間的溝通銜接的管道，每個家族透過祖先崇拜的信仰與儀式，可以與祖先神靈溝通，並受到他們的保佑和恩澤。王的最高權威乃基於他是唯一的宗族之王，能與最高神——上帝感應溝通。但是，王不能直接祭祀上帝，因此他與上帝的交往溝通不是直接的，而是間接透過祭祖，請求他已逝的祖先，在「賓上帝」的時候，為他轉達他的崇敬與需求。也可以說，祖先崇拜的信仰和儀式是王與上帝之間的溝通的媒介。在這種特殊的政教合一體制下，宇宙為人世秩序與神靈秩序組合為一的整體，兩者互相參與，互相銜接，密不可分，所以有些學者稱其為「宇宙王制」（cosmologicalkingship）。王不僅是綜理人間事物的政治領袖，也是銜接宇宙中神靈秩序與人間秩序的樞紐。王的祭祀活動有顯著的宇宙取向，比如對甲骨文的釋讀顯示，殷王自居四方之中而取向於四方，因此有祭四方之儀節；同時他也配合時序的流轉，把一年分成四季，作「四風」之祭。考古學家陳夢家先生曾指出，殷王祭四方與四風就是後世傳統禮制所謂「天子祭天地、祭四方、祭山川」的開始。

　　孔子取法因應於三代，為三代文物禮教菁華之集大成，其政治哲學思路自不會越出此「宇宙王制」之範圍。在這樣的文化大背景下來解讀《中庸》此章，其有神論旨趣不言自明。再轉過頭來看「敬鬼神而遠之」，就知道這句話絕不是對上帝鬼神信仰的消極迴避，而是說敬鬼神的方法，應該遵循「行遠自邇，登高自卑」的原則，不是以孤離的個體直接面對上帝鬼神，而是要有一個曲折，通過敬父母、敬宗族、敬妻子、敬臣妾乃至與上帝鬼神相關的一切，來呈現對上帝鬼神的愛敬之心，如此推擴的愈遠，愈能表達其誠敬。也就是說，要成為「僕人的僕人」，而非以上帝鬼神之直接代理、代言自居。

　　至於「子不語怪力亂神」，可能的一種解釋是：神有多重涵義。《逸周書·諡法解》排列諡號，第一名號是神，所謂「一人無名曰神」，其次才是聖、帝、皇、王。這裡的神應該是上帝的另一種稱呼，與自然神意味迥然不同。如此，神本無名，至微至隱，故亦不可說、不能說，所能說者，其顯者、流行者而已。故孔子曰：「天何言哉！四時行焉，百物生焉，天何言哉！」。又子貢曰：「夫子之文章，可得而聞也；夫子之言性與天道，不可得而聞也」，文章，顯者；

〔註31〕饒宗頤著：《文學與神明》，三聯書店，2011年版，第98頁。

性與天道，微者隱者；然「莫見乎隱，莫顯乎微」，性與天道顯發於夫子之文章，夫子之文章不外性與天道，孔子曰：「二三子，以我為隱乎？吾無隱乎爾。吾無行而不與二三子者，是丘也。」行，即是夫子之文章。千載以來，注家論者多好以這兩句話來搪塞孔子明顯的有神論取向，致使孔子學說變得面目全非，淪為庸俗的泛道德主義教條，而華夏三代以來之天人道統，遂亦湮沒無聞。

對「皇上帝百神」的崇拜，以及「僕人的僕人」式的愛敬表達，使超越性維度融入家庭、宗族與王制，獲得了推擴造型為文明的力量。崇拜的具體方式就是祭祀。華夏文化越是在早期，越注重祭祀。新石器時代的很多遺址，都發現有大規模的祭壇和大量禮器，例如內蒙古包頭阿善，遼寧東山嘴、牛河梁，浙江餘杭反山、瑤山等處。殷人之祭祀，若拿董作賓先生的《殷曆譜》來看，可以說整個一年的生活都是在家廟裏祭神明、祭祖宗，一年四時都有時祭，有時一祭就是幾個月。舉祭的祭司，在印度是婆羅門，在中國上古時代是巫，後來巫逐漸被隸屬天官的祝宗卜史所替代。巫術包括祝詛和占卜兩大類，前者發展為禮儀，後者發展為方術。所謂「禮」，是以祭祀為核心的一套禮制儀軌，既有國家大典（封禪、郊祀之類），也有民間禮俗。《禮記·祭統》曰：「凡治人之道，莫急於禮。禮有五經，莫重於祭」。早期祭拜的對象包括了上帝、百神、日月、星辰、山川、嶽瀆、五行、祖先。《國語·楚語下》觀射父有一段話，可以讓我們瞭解古代華夏對祭祀的理解：

> 祀所以昭孝息民，撫國家，定百姓也，不可以已也。夫民氣縱則底，底則滯，滯久不震，生乃不殖，是用不從。其生不殖，不可以封。是以古者先王日祭，月享，時類，歲祀。諸侯舍日，卿大夫舍月，士庶人舍時，天子遍祀群神品物。諸侯祀天地三辰及其土之山川，卿大夫祀其禮，士庶人不過其祖。日月會於龍尨，土氣含收，天明昌作，百嘉備舍，群神頻行，國於是乎烝嘗，家於是乎嘗祀。百姓夫婦，擇其令辰，奉其犧牲，敬其粢盛，絜其糞除，慎其彩服，禋其酒醴，帥其子姓，從其時享，虔其宗祝，道其順辭，以昭祀其先祖。肅肅濟濟，如或臨之。於是乎弭其百苛，殄其讒慝，合其嘉好，結其親暱，億其上下，以申固其姓。上所以教民虔也，下所以昭事上也。天子禘郊之事，必自射其牲，王后必自舂其粢。諸侯宗廟之事，必自射其牛刲羊擊豕，夫人必自舂其盛。況其下之人，其誰敢不戰戰兢兢，以事百神。天子親舂禘郊之盛，王后親繰其服。

自公以下，至於庶人，其誰敢不齊肅恭敬，致力於神。民所以攝固
者也。

祭祀不僅關係到禮事諸神，而且也是從天子至於庶人的職分，使社稷民心
得以攝固的根本。反過來說，從天子至於庶人的職分，中心就在祭祀祖先百神，
以維持神人的關係。這與《薄伽梵歌》所說的「祭祀源於踐履法所賦定的業」，
完全契合。《禮記》曰：「唯聖人為能饗帝，唯孝子為能饗親」，饗帝、饗親皆
祭祀之事，唯聖人孝子能之，可見還須有一套人倫禮法的施行配合，方能完成
溝通天地之大業。且踐行禮法與祭祀神明，其道一以貫之，《禮記‧祭義》云：
「是故仁人之事親如事天，事天如事親，此謂孝子成身」。漢《郊祀歌》有「饗
神曲」，猶存上古祭獻、人神交養之遺風，其辭曰：

營泰畤，定天衷。思心睿，謀筮從。建表蕝，設郊宮。田燭置，
權火通。曆元旬，律首吉。飾紫壇，坎列室。中星兆，六宗秩。乾宇
晏，地區謐。大孝昭，祭禮供。牲日展，盛自躬。具陳器，備禮容。
形舞綴，被歌鐘。望帝闇，肇神躇。靈之來，辰光溢。潔粢酌，娛太
一。明輝夜，華晢日。祼既始，獻又終。煙薰嶜，報清穹。饗宋德，
祚王功，休命永，福履充。

飲食對於敬神，至關重要。《詩經‧小雅‧楚茨》曰：「神嗜飲食，卜爾百
福；神嗜飲食，使君壽考」。《易》曰：「鼎……亨飪也。聖人亨以享上帝，而
大亨以養聖賢。」亨，即烹。《禮記‧禮運》論飲食供獻尤為精詳，其言曰：

夫禮之初，始諸飲食。其燔黍捭豚，汙尊而抔飲，蕢桴而土鼓，
猶若可以致其敬於鬼神。

後聖有作，然後修火之利，範金、合土，以為臺榭宮室牖戶。
以炮，以燔，以亨，以炙，以為醴酪。治其麻絲，以為布帛，以養生
送死，以事鬼神上帝，皆從其朔。故玄酒在室，醴盞在戶，粢醍在
堂，澄酒在下，陳其犧牲，備其鼎俎，列其琴瑟，管磬鍾鼓，修其
祝嘏，以降上神，與其先祖，以正君臣，以篤父子，以睦兄弟，以
齊上下，夫婦有所，是謂承天之祜。

作其祝號，玄酒以祭，薦其血毛。腥其俎，孰其肴。與其越席，
疏布以冪，衣其澣帛。醴盞以獻，薦其燔炙。君與夫人交獻，以嘉
魂魄，是謂合莫。然後退而合亨，體其犬豕牛羊，實其簠簋籩豆鉶
羹。祝以孝告，嘏以慈告，是謂大祥，此禮之大成也。

以飲食歌舞祭獻鬼神上帝，退而食其祭余，承受上天的福佑，這就是禮之大成。在這個過程中，人類的一切需要，諸如養生送死、綱常人倫都隨之自動得到了滿足諧和。因此，禮是如此重要，失去禮，人生社會就會敗亡解體，故《禮運》云：

> 故唯聖人為知禮之不可以已也。故壞國、喪家、亡人，必先去其禮。

從《中庸》此章來看，愛敬孝道，鬼神上帝，都可以在祭祀中得到體現顯揚。祭祀實在是一場天地神人共同參與的宇宙慶典。天下之人在這樣的集體大典中，踐行禮樂，突破了生死形魂、人神幽明的界限，在至誠的愛敬之心中，擺脫私心妄念的羈絆，與天地鬼神相感相通。

上古祭祀尤其祭祀天地，是社會性、國家性的大典，需要聚合百工萬民的人力和資源才能舉行。憑藉祭祀，天下之人心、物力皆被引向超越的存在，從而得到潔淨、轉化，凝聚成

為符合天道、天志的極積力量。所以孔子讚歎：「郊社之禮，所以事上帝也；宗廟之禮，所以祀乎其先也。明乎郊社之禮、禘嘗之義，治國其如示諸掌乎！」此即《春秋》大義之所在，董仲舒《春秋繁露·玉杯》曰：

> 《春秋》之法，以人隨君，以君隨天。……故屈民而伸君，屈君而伸天，《春秋》之大義也。

《春秋繁露·楚莊王》曰：

> 受命之君，天之所大顯也。事父者承意，事君者儀志，事天亦然。今天大顯己物，襲所代而率與同，則不顯明，非天志。故必徙居處、更稱號、改正朔、易服色者，無他焉，不敢不順天志而明自顯也。若夫大綱、人倫、道德、政治、教化、習俗、文義盡如故，亦何改哉？故王者有改制之名，無易道之實。

「天志」、「天道」才是禮制教化的實質，君王不過是貫通天心民意的中介。由此看來，上古華夏文化表現出強烈的祭政一體的特點。禮樂的本質就是用屬世的倫常禮法來契接體現屬靈的天道天志。劉師培先生以為上古之時，祭禮包攝一切禮制宗法，一切政治制度，所謂「捨祭禮而外無典禮，亦捨祭祀而外無政事也」。甚至連學術都源於祭祀，「既崇祭祀則一切術數之學由是而生」。此外，華夏上古也有頗類似於吠陀種姓的等級制度。這一點，劉師培先生在《階級原始論》中早已指出：「大約古代居上位之人，祭司最尊，

武人次之，富民次之，而祭司必有學，如印度之有婆羅門是也。」劉師培並且以為「古代之時階級有貴賤之分，職業無貴賤之分」，「此則古制之邁於天竺者也」。但從《薄伽梵歌》來看，則理想的種姓制其實也是按照德業劃分，德業不分貴賤，德業進則階級亦可以進。此猶《大學》之「自天子以至於庶人，壹是皆以修身為本」，禮之階級為表，而修身之平等為裏，顯示階級制度不足以限制人，而人之平等者，惟在德性。

關於禮與中國文化，陳寅恪先生曾這樣說：「吾中國文化之定義，具於《白虎通》三綱六紀之說，其定義為抽象理想最高之境，猶希臘柏拉圖所謂 idea 者。」《白虎通》正是儒家之禮觀念的集中體現。禮整合了全部經驗世界的秩序，同時又是宇宙神聖秩序之體現。《尚書·皋陶謨》之言典禮，曰：「天敘天秩，天不可見，則徵之於民」：

> 無曠庶官，天工人其代之。天敘有典，敕我五典五惇哉！天秩有禮，自我五禮有庸哉！同寅協恭和衷哉！天命有德，五服五章哉！天討有罪，五刑五用哉！政事懋哉懋哉！天聰明，自我民聰明；天明畏，自我民明威。達於上下，敬哉有土！

大意為：不要虛設百官，上天命定的工作，人應當代替完成。上天規定了人與人之間的常法，要告誡人們用父義、母慈、兄友、弟恭、子孝的辦法，把這五者敦厚起來啊！上天規定了人的尊卑等級，推行天子、諸侯、卿大夫、士和庶人這五種禮制，要經常啊！君臣之間要同敬、同恭，和善相處啊！上天任命有德的人，要用天子、諸侯、卿、大夫、士五種禮服表彰這五者啊！上天懲罰有罪的人，要用墨、劓、荆、宮、大辟五種刑罰處治五者啊！政務要懋和了！要努力啊！上天的視聽依從臣民的視聽。上天的賞罰依從臣民的賞罰。天意和民意是相通的，要謹慎啊，有國土的君王！

可見禮不僅限於儀節，實乃一切典章制度節文等威繁變之原，皆本於神聖之秩敘。饒宗頤先生認為，禮字有天經地義的「宇宙義」，與印度《梨俱吠陀》中表示宇宙和諧秩序的 rta 彼此可以媲美。以 rta 喻禮，非常恰當。據饒宗頤先生考證，按四吠陀之一的《梨俱吠陀》，其中使用 rta 一字的次數特多。rta 代表「正」，和 mithu 代表「不正」，義恰相反。追溯其語源，梵語 ratavan 相當於《火教經》的 asavan。古波斯語 asa 是神的法則（divine law），亦作 arta，梵語的 rta 亦然（cosmic order），代表祭典禮儀所反映之宇宙秩序〔註32〕。

---

〔註32〕饒宗頤著：《文學與神明》，三聯書店，2011 年版，第 118 頁。

　　《梨俱吠陀》之 rta 後來演變為 dharma，譯為「法」或「正法」。「法」是吠陀諸經的核心概念之一，有天道義理、道德規範、自然法則、生活習俗、職分操守等各層意思，尤其與四種姓之社會制度相關。《摩奴法論》（Manu Samhita）講到「法」的產生與內容：

　　　　為了保護這整個世界，那具有偉大光輝者為由口、臂和腳出生的派定了各自的法。

　　　　他把教授吠陀、學習吠陀、祭祀、替他人祭祀、布施和接受布施派給婆羅門。

　　　　他把保護眾生、布施、學習吠陀和不執著享欲派給剎帝利。

　　　　他把畜牧、布施、祭祀、學習吠陀、經商、放債和務農派給吠舍。

　　　　那位主給首陀羅只派一種法：心甘情願地侍候上述諸種姓。

　　「法」的這部分含義與儒家之「禮」一脈相通，《禮運》曰：

　　　　夫禮，先王以承天之道，以治人之情。故失之者死，得之者生，詩曰：相鼠有體，人而無禮，人而無禮，胡不遄死。是故夫禮，必本於天，肴於地，列於鬼神，達於喪祭射御，冠昏朝聘，故聖人以禮示之，故天下國家可得而正也。

　　禮的實質是名分，名是身份等級，分是職責義務，名分其實相當於種姓，只是不以血緣關係為劃分的根據。實際上，根據《薄伽梵歌》，理想的種姓制原型也排除了血緣的成分，以德和業為判定階級的標準。禮的外在表現為儀式、禮節，其中又以祭祀為重點。故「禮」即「法」，吠陀諸經實為禮書。昔丁山先生考證華夏上古之三墳五典皆源於吠陀諸經，而三墳即吠陀三明，洵為卓識（參見《古代神話與民族》，P358）。蔣忠新先生也曾指出華夏之「禮」與婆羅門之「法」性質相通：

　　　　《摩奴法論》中所形成的倫理學體系，同中國早期的封建社會的禮教一樣成熟而完備。「三綱五常」那一套理論在《摩奴法論》中也是核心的內容。婆羅門教的「法」同儒教的「禮」性質是一樣的，金克木先生已經指出這一點（參閱他的《印度文化論集》），很值得深入研究。〔註33〕

　　季羨林先生將《摩奴法論》中的「法」定義為「人們在社會中的行為規範」。

〔註33〕蔣忠新譯：《摩奴法論》，中國社會科學出版社，2007 年版，第 3 頁。

他並且認為：「《薄伽梵歌》的中心思想，也是宣揚：人們應該嚴格按照法（dharma）而行動。」但實際上，「法」不僅侷限於社會規範，而且是一個涵蓋乾坤式的概念，按照印度近代哲聖奧羅頻多在《薄伽梵歌論》裏的表述：

> 「達摩」在印度概念中，非但為善，為正道，為道德，為公理，為倫理，而且為人與一切眾生之關係之全部統率，此亦攝與自然與上帝之關係。論其出自一神聖原則觀點，此原則乃自發為業行之形式與律則，自發為內中與外表之生活形式，世間任何關係種類之命令也。「達摩」者，軌持，吾人所可持，又能綜合攝持吾人內中與外表活動者也。在其本初意義中，原指吾人自性之基本律則，秘密規定吾人一切行動者；在此義度中，則每一有體、典型、種類、個人、群眾，皆有其自法。其次，吾人內中有一自當發展而顯示之神聖性；依此義則「達摩」為內中工事之律則，以此而神聖性在吾人有體中生長者也。再其次，則為一種律則，吾人用以管制外發之思想、行為，及吾人彼此間之關係，以至最能一面助成吾人自體之成長，一面助成人類之生長，以趨向神聖理想者也。

就其為「管制外發之思想、行為，及吾人彼此間之關係」一面來說，「法」相當於儒家所謂的「禮」；就其為「自性（原質）之基本律則」一面來說，「法」相當於儒家所謂「氣質之性」；就其為「內中工事之律則，以此而神聖性在吾人有體中生長者也」，以及「人與一切眾生之關係之全部統率，此亦攝與自然與上帝之關係」一面來說，「法」相當於《中庸》所謂「天命之謂性」，也就是「理」或易學所謂的天地人三才之「道」。孔穎達《禮經正義》開篇即云：「夫禮者，經天地，理人倫，本其所起，在天地未分之前，故《禮運》云：夫禮者必本於太一。是天地未分之前，已有禮也。」他所講的禮，實際就是「理」。而作為第一層的「法」或「禮」，乃第二層的「法」或「氣質之性」與第三層的「法」或「道」即神聖性之結合與妙用，《禮記》所謂：「夫禮，先王以承天之道，以治人之情。」通過在這三個不同的層面上闡釋、運用「法」，《薄伽梵歌》將入世與出世、形下與形上、人事與天道、禮法與自然皆打成一片，從而呈現出一種「極高明而道中庸」的生命境界，此即在作為「整體大全」的至上者裏面尋求圓融通貫的菩提瑜伽所實踐的境界。

《薄伽梵歌》第三章9～16頌闡述了祭祀在「法」的世界裏所佔據的核心地位。其文曰：

貢蒂之子！為祭祀而作業分，不然斯世皆為業係，為祭祀而作業分，得脫俗世之拘羈。

昔萬物主之造人，天命與祭祀俱遣：藩庶由是，不可或忘，汝願得償，咸在祭祀。

神以茲享，人以茲祀。人神交養，福自天賜。

諸天享祭，錫人所求，受施不報，盜賊與流。

祭余是餐，仁者業消，飲食自為，罪業是報。

眾生食穀而壽，五穀賴雨而滋，致雨在於祭祀，祭祀出乎禮義。

禮義本乎吠陀，吠陀出乎太一，大梵入一切處，固恒在於祭祀。

若住世而不入此循環分，惟彼諸根是享，帕爾特！如是罪人分，虛度此生！

據此，祭祀跟人類一起，被造於創世之初，有助於達到天地間的繁榮昌盛。祭祀觀念底下預設了天人之間的感應，即人在祭祀中向天神奉獻各種犧牲飲食，天神悅樂，以賜福於人相回報。然後人又祭神酬答，此天人循環不斷重複，便形成了祭祀之輪。大梵也存於祭祀，因為祭祀來自法，法來自吠陀經，而吠陀經源出大梵、太一。然而，克里希那在第二章譴責了祭祀，斥行吠陀祭祀者為愚妄之徒，怎麼這裡又支持祭祀呢？此外，本節稱揚祭祀為通向虔誠生活的道路、擺脫罪業的手段。如是，問題在所難免：到底什麼改變了？顯然，本節所說的祭祀的性質不同於前章所提及的吠陀祭祀。前章所提及的吠陀祭祀，目的在於享受今生來世，故此，它代表了功利境界，即為求果報而服從法。本節所論述的祭祀，目的在於達成至善；其踐行無疑出於更高的動機，屬於「為梵而行動」的菩提瑜伽境界。對法的持守也被認為是一種祭祀，因而，阿周那受到鼓勵，踐履職分，像舉行一場祭祀一樣去戰鬥。既然阿周那無論如何得有所作為，所以對他而言，按照法去踐行更為可取，如此其業行將轉化為祭祀，而不再是私欲之造作。個中原因在於，一般的業行沾染了罪業，通過業報之鏈致人於束縛，而以大梵為歸趣的祭祀卻不會。「大梵入一切處，固恒在於祭祀」，與《中庸》之「洋洋乎！如在其上，如在其左右」足堪互相參證。

除了四種姓法，《摩奴法論》還倡導「四行期」，即人生必須經歷的四個修煉階段：第一個階段為「梵行期」，指青少年時期必須皈依古魯（Guru，導師），離開父母，到古魯家中學習吠陀經典，接受道德、儀禮教育和精神磨礪，過禁慾節制的生活；第二個階段為「家居期」，梵行者進入成年後，可以成家立業，

結婚生子，履行社會職責和義務；第三階段為「林棲期」，家居者到了老年，應當拋棄家庭，帶著妻子，到森林裏去潛心淨修，為死亡作準備；第四階段為「遁世期」，林棲者徹底斷絕與妻子家人的關係，走出森林，遊化四方，超脫世俗，把生死置之度外，一心追求彼岸解脫。正是通過「四行期」，吠陀文明把道德修養、世俗義務、精神修煉密切地結合在一起，以臻達人生至善之境。也就是說，雖然吠陀哲學的基本宗旨是研究如何實現人的精神解脫，但解脫的實現是與人的道德完善有機地聯繫在一起的，沒有道德的行為、性格的鍛造、氣質的變化，人就不可能證悟到神，也不可能獲得解脫。另一方面，道德的完善來自於忠實虔敬地履行各自的人生角色和社會職分。如是，俗世人生就成了一場修行，而萬丈紅塵化作了淨化人心的神聖道場。「四行期」之宗旨與「禮」的「承天之道，治人之情」的天人一貫精神無疑是一致的。

## 十七、大孝章

> 子曰：舜其大孝也與！德為聖人，尊為天子，富有四海之內。宗廟饗之，子孫保之。故大德，必得其位，必得其祿，必得其名，必得其壽。故天之生物必因其材而篤焉。故栽者培之，傾者覆之。
>
> 《詩》曰：「嘉樂君子，憲憲令德，宜民宜人。受祿于天。保佑命之，自天申之」。故大德者必受命。

**達斯按**：此章言大德君子所受之福報，以彰顯上帝鬼神之獎懲真實不虛。人之大德，莫重乎孝。董仲舒《春秋繁露・立元神篇》云：「天地人，萬物之本也。天生之，地養之，人成之。天生之以孝悌，地養之以衣食，人成之以禮樂。」天生以孝悌，故能順於父母而後致孝於天地也。能事天地，則受天命，天錫之位祿名壽。《尚書・洪範》九疇「次九曰嚮用五福，威用六極」，意謂上天所頒布的九大律法中，最後一條是上帝鬼神要用五福勸勉德行，要用六極懲戒罪惡，「五福：一曰壽，二曰富，三曰康寧，四曰攸好德，五曰考終命。六極：一曰凶、短、折，二曰疾，三曰憂，四曰貧，五曰惡，六曰弱」。

禮本於天而主分別，其作用是在承認社會差別客觀存在的前提下實現無差等的天人孝愛之交流，以保證宇宙、社會、生命和諧有序地循環運轉。天人感應的著重點在「德」，是故禮所重視的是以「德」為基礎的教化，如王國維先生所謂：「納上下於道德，而合天子諸侯卿士大夫庶民以成一道德之團體」（《殷周制度論》）。而「德」是得到上天認可與賜福之表顯。《尚書・盤庚》曰：

「肆上帝將復我高祖之德，亂越我家」。高祖是成湯。祖德的恢復，是出於上帝的意旨和力量，而非僅靠個人的修為和努力。孔子自謂：「天生德於予，桓魋其如予何？」，其意在向世人表白，他已受命於天，獲得了上天所賜予的「德」。

人神施報，在華夏義理稱為感應。按照中國文化的看法，天地之所以為天地，全在天地神人之相互感應。《周易》為儒門總旨，上經以乾、坤為首，《易繫辭》謂之：「天地絪縕，萬物化醇」，絪縕即是感應；下經以咸、恒為首。《彖傳》曰：

> 咸，感也。柔上而剛下，二氣感應以相與。天地感而萬物化生，
> 聖人感人心而天下和平。觀其所感，則天地萬物之情可見矣。

《周易》全書以吉凶教人。《繫辭傳》曰：「吉凶與民同患，神以知來，智以藏往。」又曰：「幾者動之微，吉凶之先見者也」。《老子》之理與《易》同，其言有曰：「禍兮福之所倚，福兮禍之所伏，孰知其極？其無正，正復為奇，善復為妖」，所謂倚伏，即《易》之往來消息。儒道本出一源，其言宇宙皆以感應涵括，佛家則稱之為因果。感應是橫說，因果是縱說，其實一也。其根本義如此，故於萬物，一概視為感應因果，無能逃於此定律之外者。禮以施報而立，佛法以輪迴說為基礎，皆出於此定律。

報應之說，必通三世，其義乃圓。世人多疑其為佛法，原非儒道所有。然則《周易》已言餘慶、餘殃。孟子曰：「苟為善，後世子孫必有王者矣」，豈非通前後之說？《大戴記》曰：「逆天地者罪及五世，逆人倫者罪及三世。」皆可證儒門原有此說。又報應乃神明之所為，此亦儒者所疑，不知《易傳》已言「與鬼神合其吉凶」。可見神明施為也是隨人事而應，《禮記》曰：

> （聖王）用民必順。故無水旱昆蟲之災，民無凶饑妖孽之疾。
> 故天不愛其道，地不愛其寶，人不愛其情，故天降膏露，地出醴泉，
> 山出器車，河出馬圖。鳳皇麒麟，皆在郊棷，龜龍在宮沼，其餘鳥
> 獸之卵胎，皆可俯而窺也。則是無故，先王能修禮以達義，體信以
> 達順，故此順之實也。

天地萬物之榮悴皆與人心之順逆相感應，中間觀臨司掌的自然是神明。顯然，河圖洛書，鳳凰麒麟，乃至水旱凶饑，無不是表現在宇宙萬象中的神明顯靈。方東美先生認為，自堯舜以來，中國人就相信世界的一切都是神聖的，宇宙的一切都是神的顯現或啟示。方先生將這種信仰稱為「萬有在神論」，他解釋道：

　　　　它的真義是：宇宙萬有皆在神聖之中。這正是古代人類，不把
　　　世界當作世俗世界，而視之為神聖世界，就是「若有神存，則神在
　　　萬事萬物之中」。所以，在天上的是皇矣上帝，他的神意流露在日月
　　　星辰裏，流露在山河大地裏，再流露貫注在人的存在裏，在草木鳥
　　　獸蟲魚的存在裏。這種精神的生命可以貫注一切的一切，所以這一
　　　切的一切所構成的宇宙萬有，自然貫注了神聖，而使萬有皆為神聖
　　　的。〔註34〕

　　不過，神聖內在於萬有，並不意味著泛神論，如方東美先生所認為。實際
上，神聖即內在又超越，周流六虛而又獨立自存。惟其為獨立自存，乃有人格
性與神人感應之可能。《薄伽梵歌》於神人感應尤其注重，對感應之道亦多有
論述，其言曰：

　　　離貪離畏，離乎嗔恚，思我慕我，歸命於我。習道苦修，往聖
　　　知我，咸臻純粹，鍾情於我。（4‧10）

　　　人如是其歸命於我兮，我亦如是而報之；蒼生無往而不步予之
　　　踵兮，菩黎陀之子！（4‧11）

　　　我為諸獻祭與苦修之歆享者兮，為諸世界與天神之自在主，又
　　　為諸有情之賜福者與護持者兮，覺者如是知我乃得夫安住。（5‧29）

　　　孰忠心不二以事我，我必存已有而補不足。（9‧22）

　　　我於眾生皆平等兮，無所憎亦無所愛重，抑有人而事我以愛敬
　　　兮，彼獨在我中我亦在彼中。（9‧29）

　　或許有人會問，既然上帝對眾生一視同仁，誰也不是他的特殊朋友，那麼
他為什麼對時刻為他做超越性服務的奉獻者格外關心呢？其實這並非分別
心，是自然而然的。世上有人可能極慷慨大度，但他對自己的孩子會格外關照。
作為薄伽梵，克里希那宣稱，一切有情──無論其形體──都是他的子，因此，
他慷慨地為每一個體供應充足的生活必需品。他就像遍灑雨水的雲，根本不管
雨水是灑在石上、地面，還是水裏。但對他的奉獻者，他格外關懷。這樣的奉
獻者在此被說成：他們徹底歸命，念念不離神聖覺性，因而總是超然地住在無
上者裏面。那些在這種覺性之中的人，是鮮活的超驗主義者，被賜予一切神聖
的德性。克里希那在此斷言：mayi te，「彼獨在我中。」自然，結果是，主也
在他們裏面。這是相互感應的。這也詮釋了這一句：「人如是其歸命於我兮，

────────────
〔註34〕方東美著：《原始儒家道家哲學》，中華書局，2012 年版，第 101 頁。

我亦如是而報之」。這種超妙的感應之所以存在，是因為奉獻者和主都是能覺知的。一粒鑽石鑲到金戒指上，看上去就十分佳妙。金子增色，鑽石也一起增色。主和生命個體皆永恆閃光，當生命個體變得樂於為至尊主服務時，他看上去就像黃金。主就是鑽石，這樣的組合當然美不勝收。在純粹狀態的生命個體被稱為奉獻者。薄伽梵成了他的奉獻者的奉獻者，與他的奉獻者分享其六大功德：財富、榮名、威能、智慧、妙美、自在。若奉獻者和主之間不存在相互感應的關係，那就根本不會有人格主義哲學。在非人格主義哲學裏，無上者與生命個體之間沒有相互感應的關係，而在人格主義哲學裏，這種關係是存在的。經常被引用的一個例子是，主就像如願樹，無論想從這棵樹上得到什麼，主都會供應。但此處的解說更為圓滿。主在此被說成偏向奉獻者。這是主對奉獻者所顯示的特殊恩慈。不該認為主的回應是受業力控制的。它屬於超越之境，主和奉獻者在其中各顯神通。對主的奉愛服務不是功利性活動，它是真常、極樂、妙明流佈的靈性實踐。就《中庸》而言，一體愛敬之孝就是天人一以貫之的奉愛服務，其表現形式為禮，具體手段為祭祀。

　　幾乎整部《薄伽梵歌》都涉及理想之人的德性。這類討論開始於第十三章，接著從第十四章一直貫穿下來。有兩種人，互相敵對——聖賢與邪魔。神性指向解脫，而魔性指向更深的塵世羈絆。這個原則在第十四章裏已經提到過了，其中氣性被描述成靈魂在宇宙之旅中所經行的路徑。據此，行進在中和之路上的人將最終獲得解脫，反之，那些被強陽、濁陰之氣捆縛的人，將逐漸墮入更低的生命形式。神性與中和氣性，以及魔性與強陽、濁陰氣性之間具有明顯的關聯。聖德由中和氣性生成，同時也是神靈所賦予，存聖德者受到神靈的護佑。與之相反，具魔性者懼怕至尊者，而至尊者不斷將他們拋入生死輪迴。此即《中庸》所謂：「栽者培之，傾者覆之」。在第 16 章裏，淫、嗔、貪被描述為通向地獄的門戶，應當徹底捨棄它們。而經教是分辨聖、魔的手段：持守經訓的聖賢，在解脫之路上不斷邁進；邪魔隨心所欲，逆天而行，一步步走向地獄。《薄伽梵歌》第 16 章開頭 1～4 頌論述聖德與魔性，其言曰：

　　　　室利薄伽梵曰：無畏清淨，存乎覺明，布施自制，行乎祭祀，
　　讀經苦行，貴乎質直。

　　　　不害真實，無所嗔惡，出世清靜，無所苛責，慈悲愛人，不貪
　　能捨，溫柔謙下，君子有德。

　　　　弘毅堅忍，強哉矯兮，潔淨不妒，無求名分，生而秉德，彼聖

人兮。

> 傲慢驕矜，入虛妄兮，苛峻易怒，出無明兮，此諸稟賦，屬修
> 羅兮。

> 聖德入乎解脫，修羅性造纏縛；般度之子無憂，爾德乃自天賦！

《薄伽梵歌》聖魔之分，頗近於儒家所謂君子、小人之辨。《論語》對此多有論述，比如「君子上達，小人下達」，上達是循天理，下達是逞人慾，故君子是覺明、小人是無知；「君子喻於義，小人喻於利」，喻於義是自制，喻於利是貪求；「君子求諸己，小人求諸人」，求諸己是謙卑安忍，求諸人是驕慢責人；「君子泰而不驕，小人驕而不泰」，君子謙恭，小人自大；「君子和而不同，小人同而不和」，君子慈仁質直，小人苛刻嗔恨。故君子、小人分途，其根本是在心地、心術之隱微上，只是仁與不仁而已，但有一毫有我之私，便是不仁，便不免為小人，孔子曰：「君子去仁，惡乎成名？」，就是這個意思。我們看《薄伽梵歌》裏講到的的魔性凶德：驕慢、自大、嗔恨、自負、苛刻、無知，都是從我執生起，進而造成與天地神人相隔絕，這便是不仁。小人走到仁義禮智聖的反面，其極致便是「魔」。

中庸即是持中和為日用之道。君子持中和之氣，故能顯仁合道，中和是從氣一面講，仁是從德一面講；小人反中和，落入強陽、濁陰，故無所忌憚，逞欲恣肆，以致仁心泯滅。

比君子更高遠更闊大的境界，或說君子的極致，便是「聖」，《中庸》曰：

> 唯天下至聖，為能聰明睿知，足以有臨也；寬裕溫柔，足以有
> 容也；發強剛毅，足以有執也；齊莊中正，足以有敬也；文理密察，
> 足以有別也。溥博淵泉，而時出之。溥博如天，淵泉如淵。見而民
> 莫不敬，言而民莫不信，行而民莫不說。是以聲名洋溢乎中國，施
> 及蠻貊；舟車所至，人力所通；天之所覆，地之所載，日月所照，
> 霜露所墜；凡有血氣者，莫不尊親，故曰配天。

聰明睿知為聖，寬裕溫柔為仁，發強剛毅為義，齊莊中正為禮，文理密察為智，可以說是對《薄伽梵歌》所舉諸聖德的概括。「莫不尊親」云云，是說聖德不可思議，生起中和之妙用，此即《中庸》所謂「致中和，天地位焉，萬物育焉」。大德受命於天，成為天道、天命的載體，是故能與天地合其德，是為「配天」。

華夏自古重德，聖、魔之分全在於德，有德則有天命，無德則喪天命，天

之禍福，皆視德為轉移。《尚書》對此反覆叮嚀，比如《蔡仲之命》曰：「皇天無親，惟德是輔」，《酒誥》曰：「茲亦惟天若元德。」《召誥》曰：「王其德之用，祈天永命」，意謂上天嘉美有大德的人；君主以德祈天，表明皇天眷顧世人的中介是德。因此，德是溝通天地、人神的階梯，有德之人可以保有天命、上通神明，故《酒誥》曰：「弗惟德馨、香祀登聞於天」，《君陳》曰：「我聞曰：至治馨香，感於神明。黍稷非馨，明德惟馨」，德行的馨香遠播天庭，被神靈感知。讓神明滿意的不是用於祭祀的黍稷之馨香，而是光明的道德之馨香。《文侯之命》云：「丕顯文、武，克慎明德，昭陞於上，敷聞在下。惟時，上帝集厥命於文王」。《說文解字》曰：「德，升也」，《莊子‧天地》曰：「君原於德而成於天。」又曰：「故通於天地者，德也」。反之，失德則失天命，夏桀與商紂貪暴殘虐，「不敬厥德，乃早墜厥命」（《召誥》），被上天懲罰，「天不畀不明厥德」（《多士》）。改朝換代的內在根據是君王的德行表現，商紂失德而周王有德，所以天命轉移，周取代殷。朝代更迭雖然是天命轉換，但天命去留有跡可尋，即以德為歸依。德是天命去留的根本歸依，若要保有天命，就必須明德、敬德，《召誥》曰：「天亦哀於四方民，其眷命用懋，王其疾敬德。」又曰：「王敬所作，不可不敬德。」德與天命，內在與超越，由此契合為一。後儒過分強調德的作用，一味專注於「精神內向運動」，把天命、禮樂完全轉化為「內求於心的新途」，即所謂「內在超越」，致使天命墜落，天人失位，德亦失去了客觀性和向上的超越性維度，修身成德成為一場從自我走向自我的失去歸宿的孤獨朝聖，而非天人間對話性的回應。

禍福根於人，受於天，關乎氣數，順天敬德者得福，逆天敗德者有禍，《易》曰：「自天佑之，吉无不利」，子曰：「佑者助也。天之所助者，順也；人之所助者，信也。履信思乎順，又以尚賢也。是以自天佑之，吉无不利也」，尚賢便能服從經教，遵行禮法，順應天地神明。總之，「天道福善禍淫」（《湯誥》），天人感應的根本就體現在這裡。

自儒教失真，言禍福報應者日以鄙陋狹隘，動輒以功利相勸警；主善惡者又忌言禍福報應，重人心而輕天命，致使禍福報應之說漸衰。自宋儒至於今，無不以善惡、禍福為二，泥視義利，隔絕人神，皆因不知天人感應之真義。其實，若氣數、義理為二，則教人為善，便失去了依據，以天為本的儒學也就失去了綱維。好比因果輪迴之說若失，那麼佛法也就無立足之地了。

## 十八、無憂章

子曰：無憂者，其惟文王乎。以王季為父，以武王為子。父作之，子述之。武王纘太王、王季、文王之緒。壹戎衣，而有天下。身不失天下之顯名。尊為天子。富有四海之內。宗廟饗之。子孫保之。武王末受命，周公成文武之德。追王太王、王季，上祀先公以天子之禮。斯禮也，達乎諸侯大夫，及士庶人。父為大夫，子為士；葬以大夫，祭以士。父為士，子為大夫；葬以士，祭以大夫。期之喪，達乎大夫；三年之喪，達乎天子；父母之喪，無貴賤，一也。

達斯按：本章援引文王、武王、周公史事，以證大德者必受命、必得其位。自先王至於後王，自天子至於庶人，皆繫於禮，禮之所重，在喪、葬、祭，以是見人之大德，莫大於孝。大孝者事父母事天地一以貫之，故「必得其位，必得其祿，必得其名，必得其壽」。葬、祭之禮，自上而達於下，依尊卑而有等殺。至於父母之喪，則自士庶人達乎天子，上下同之，子之事父母無所用其尊卑也。這表明，即便尊為天子，在父母面前也應該忘記外在的身份地位，甚至捨棄此身為我所有的我執之心，以致其本性之愛敬。同理，在天地面前，天子應該捨棄天下為我所有的執念，舉身家社稷天下萬民以事天地，以致其本性之愛敬，一切人間的尊卑被天人之間的尊卑取代了，存在的超越性維度由此凸顯。

對喪、葬、祭之禮的高度重視，反映出原始儒家已經有對靈魂和肉體的區分。靈魂之說，原始儒家亦多有論及。《禮記‧郊特牲》曰：「魂氣歸於天，形魄歸於地。故祭求諸陰陽之義也。」《禮記‧檀弓》曰：「骨肉歸於土，命也。若魂氣，則無不之也。」「魂氣」即人所稟於天之魂神；而骨肉形魄為屬地之「氣」所聚，散則復歸於地。劉師培先生指出：

上古人民於肉體之外兼信靈魂，以為人死為鬼，今日之死安知不愈於昔日之生（《列子》）。故殷《盤庚》篇曰：乃祖乃父，乃告我高后，崇拜勿祥。周《大雅》云：文王陟降，在帝左右。皆迷信靈魂不死之說也。故事死如事生，事亡如事存。……孔子言：因物之精，制為之極，明命鬼神，以為黔首（《祭義》）。則精即靈魂，所以明喪祭之禮咸起於民信靈魂也。」（《古政原始論》）

從考古遺存來看，華夏文化對靈魂的信仰根深蒂固，一直可以追溯到新石器時期。例如仰韶及齊家文化墓葬中為死者軀體周圍撒布紅色赤鐵礦粉末，以

象徵隨血液存在的靈魂；仰韶文化葬具上的葬孔，經與民俗學葬俗比較，被認為是供靈魂出入之用。歷代墓葬中都發現有大量的作為通天手段的玉器和隨葬品，無疑都與靈魂及超昇信仰有關。黃老一派對靈魂不滅，不但有相似的看法，且有極深的體會。《莊子‧大宗師》云：「指窮於為薪，火傳也，不知其盡也」，傳薪的比喻，即出於形滅而神不滅的神秘體驗。

靈魂信仰與覺悟之暗淡，是華夏文化蛻變，從「天人之際」落至「內在超越」，進而越來越泛道德化、世俗化、功利化的關鍵。自春秋戰國以後，儒道兩家繼承於上古文明的超越性、精神性越來越趨於淪喪，反之，對身體尊榮與存續的追求成為最終極的關懷。這造成了文化品位的庸俗和民族精神的萎靡。對天命和靈魂超昇的終極關懷被棄置一旁，位、祿、名、壽反而成了至高無上的人生目標。與天命和靈魂隔斷的「德」、「禮」失去了根本，漸漸乾枯僵化，最終成為篡天而王的統治者奴役人民的枷鎖，或者俗儒求取功名的敲門磚。

禮絕不僅僅是為了維護人世的道德倫理秩序，那只是外在的功能，其更高的內在意義在於提升推擴人的心性或覺知，讓人自覺其為超越身體私我的精神性存在，進而覺解其與天地的命定關係。故孔子曰：「人而不仁，如禮何？人而不仁，如樂何？」。《薄伽梵歌》第四章 23～33 頌闡發獻祭之真義，其文曰：

真人不執，守道抱一。

犧牲是梵兮，酥油是梵，祭火是梵兮，祭者是梵，動靜皆梵兮，入乎大梵。

瑜伽修士，持術紛錯，或祭天神，或祀梵火。

或奉聽聞諸根於定火，或捐六塵於諸根之火。

或供根、氣之作用於瑜伽之火，以求道之心引燃。

或以財物為犧牲，或以苦修為犧牲；或以瑜伽八支為犧牲，或以誦經悟道為犧牲。

仁者守誓兮不息至誠

或引安那於般那，或導般那於安那，彼以調息為極詣，停呼吸入乎三昧。或以辟穀為獻祭，匯合神氣於太一……

咸明犧牲之真諦，行祭祀罪業盡洗，暢飲獻祭之甘露，陞於大梵而不死。

俱盧族之驕子！人不祀兮不得樂，況來生兮云若何？

　　　祭祀如是多方，咸備載於吠陀，是皆作業所生，知之爾其解脫。

　　　克敵者！奉道而祭，優於璧珪，凡百諸行，以道為歸。

　　奉獻祭祀的形式在此被大大拓寬，不再侷限於祭壇上的犧牲。梵不僅是理論，還須通過祭祀奉獻加以實踐和運用。若獻祭有義理的支撐，便能明白獻祭背後的終極旨趣，即超入大梵；若舉祭出以不執之心，如此行祭便能發明心性。為了說明這一點，各種獻祭被羅列出來：有些是吠陀經教性質的，例如敬拜天神、犧牲玉帛，而有些是瑜伽性質的，例如通過調息以獻祭，或者在諸根之火中，以感官對象作為獻祭。不過，獻祭所蘊涵的義理真諦才是根本性的。智慧之火不但照亮祭禮，或說賦予它們更深層的意義，以智慧為獻祭還被認為是最高形式的祭祀。獻祭也可能喻指將要來臨的戰爭；如是，沙場或許可以被看做是一片巨大的祭場，而戰鬥就是祭祀。獻祭，乃是上達超越的方法，而非換取果報的儀式。

　　《薄伽梵歌》所謂「吠陀經教性質的獻祭」，近於以廟堂社稷為中心的原始禮教；而「瑜伽性質的獻祭」，則類似原始道家修煉升仙或後世儒家「內在超越」的路子。近世學者多認為儒道兩家皆源出更古老的以獻祭通神為根本的巫文化，其說可與《薄伽梵歌》此節相參證。由此看來，「外在超越」與「內在超越」原本或許是互攝互補的，非此即彼的概念並不符合中庸式的思維方式。

　　追溯中國文化起源，不能離開巫和巫的文化。遠古的「巫」絕非玩弄魔法的術士，現在流行的薩滿說，以為三代乃至三代以前的巫就是後世的薩滿，是過於親率、缺乏歷史層次的觀點。實際上，遠古華夏的巫與吠陀時代的婆羅門以及瑜伽士相似，因為掌握了「道術」或曰「瑜伽」，而具有崇高的地位。饒宗頤先生在《巫步、巫醫、胡巫與「巫教」的問題》一文中，也為三代之「巫」正名，指出殷、周之世，「巫」已是一種官職，專掌祀神的事務，一些有名的大巫，例如巫咸，不但是殷的名臣，而且是屈原心目中一位代表真理的古聖人（所謂「願依彭咸之遺則」），受到大神級別的崇拜（參看《中國宗教思想史新頁》）。孔子也說：「竊比我於老彭」，老彭即彭咸，也就是巫咸。那麼在三代以前，「家為巫史」的時代，巫的社會地位可能更高，猶如古印度婆羅門之地位，且在君王、剎帝利種之上。

　　遠古祭政一體，凡宗教、文化、政治職能，皆由巫擔任。從《國語·楚語下》的記載來看，後來「絕地天通」，不許「民神雜糅」，民間的巫被國家收編，

置於政治權力之下，並且從巫分化出祝宗卜史一類掌管通天通神的天官，以及司徒、司馬、司空一類掌管土地人民的地官。由此看來，巫所掌握的知識確實包羅萬象，而其宗旨不離於貫通天地神人，與吠陀諸明的性質和規模非常相近，應該就是傳說中的「古之道術」。後來的儒道百家，皆從這天、地二官所職掌的各類知識中演變出來，例如道家出於史，儒源於相禮的祝，陰陽家淵源於卜，從司徒、司馬一類的地官則衍生出後來的法家、兵家等等諸子百家。

「禮」是圍繞祭祀展開的巫文化的中心，春秋以來的學者都用「禮」來概括三代文物典章制度，為儒家所傳承；另一方面，巫文化裏的天文曆算、針石醫藥，乃至卜筮占夢、煉丹養生、調息修仙等等「方術」，則被道教所吸收。

墨子有尊天尚同之說，其言曰：「天子受命於天，諸侯受命於天子，子受命於父，臣受命於君，妻受命於夫，諸所受命者，其尊皆天也，雖謂受命於天可也」，猶存上古政教一體之遺意。但由於墨子對自我的認知始終未脫離形骸情識的拘限，所以在智慧（atma-jnana，自我明）缺漏的狀態下，事天踐行（niskama-karma，無欲行）也就成了以功利為主導的業（Karma），從而失去了超拔提升心性的作用；與此同時，本來作為愛敬對象的超越之天，也降格為賞善罰惡的宇宙大法官。從這個角度來說，知與行、內聖與外王的分離脫節，是墨家的致命傷。知行分離的狀況一直到王陽明的「致良知」教出現才得以彌合，可是陽明心學天人不分的趣向，卻使良知的踐行失去原始儒家敬天事天的客觀性維度，容易成為以人僭天的人能自逞。

## 十九、達孝章

> 子曰：武王、周公，其達孝矣乎。夫孝者，善繼人之志，善述人之事者也。春秋，修其祖廟，陳其宗器，設其裳衣，薦其時食。宗廟之禮，所以序昭穆也。序爵，所以辨貴賤也。序事，所以辨賢也。旅酬下為上，所以逮賤也。燕毛所以序齒也。踐其位，行其禮，奏其樂，敬其所尊，愛其所親，事死如事生，事亡如事存，孝之至也。郊社之禮，所以事上帝也。宗廟之禮，所以祀乎其先也。明乎郊社之禮，禘嘗之義，治國其如示諸掌乎。

達斯按：此章承上章而來，由文王而至武王、周公，藉此以闡明如何做到孝。很明顯，孝並不止於衣食口體之養，更重要的是善繼善述。祭祖廟、分親疏、辨貴賤、別賢愚、酬上下、親老幼，皆所以繼先王之志，述先王之事也。

換言之,也即是想先王之所想,為先王之所為,完全遵循先王所傳承下來的精神事業。孔子自稱「述而不作,信而好古」,《中庸》說仲尼「祖述堯舜、憲章文武」,皆本此善繼善述而來。在孔子這裡,孝已經擺脫了血緣宗族的侷限,昇華到精神性的道義層面。孝之至,「敬其所尊,愛其所親,事死如事生,事亡如事存」,突破私我生死的界限,進入超越性維度,如是孝得以實現其「內在超越」。郊社之禮,禘嘗之義,本質上還是孝,然而是孝的又一次飛躍,即「外在超越」。通過事上帝祀鬼神,孝獲得了「通於神明,光於四海,無所不通」的「宇宙義」,成為遙契上帝鬼神的通天工夫。經過這三層超拔,原本基於肉體血緣的孝親之愛脫胎換骨,默然暗運,推動人的覺知不斷充擴昇華,不斷向天命之性回歸。

相對於《薄伽梵歌》之重視崇拜、祭祀、苦行、布施,儒家將君子之道歸結為「大義名分」,也就是對職分禮法的持守;孝為禮之本,所謂職分禮法,在儒家被概括為一個孝,孝裡面似乎已經涵攝了祭祀、苦行、布施等等修身事天的行為。清陳澧《東塾讀書記》云:

> 《孝經》大義,在天子諸侯卿大夫,皆保其天下國家,其祖考基緒不絕,其子孫爵祿不替,庶人謹身節用,為下不亂。如此則天下世世太平安樂,而惟孝之一字,可以臻此。

這是孝在形而下層面的教化作用以及社會功能。但推而廣之,擴而充之,卻可以漸次延伸到更加廣大高明的層面。《孝經》曰:「自天子以至於庶人皆以孝為本」;《大學》曰:「自天子以至於庶人,壹是皆以修身為本」,可見《孝經》之孝與《大學》之修身實為一事。格物、致知、誠意、正心和修身都是孝之工夫,而齊家、治國乃至平天下則不過擴充此孝至於家國天下。從與形而上之契接而言,孝又是貫通天人的捷徑,由事親可通於事天,故孝為「德之本,教之所由生」。《禮記・祭義》曰:「是故仁人之事親如事天,事天如事親。此謂孝子成身。」《孝經》曰:

> 天地之性,人為貴。人之行,莫大於孝。孝莫大於嚴父。嚴父莫大於配天,則周公其人也。昔者周公郊祀后稷以配天,宗祀文王於明堂,以配上帝。是以四海之內,各以其職來祭。夫聖人之德,又何以加於孝乎?故親生之膝下,以養父母日嚴。聖人因嚴以教敬,因親以教愛。聖人之教不肅而成,其政不嚴而治,其所因者本也。

又曰:

　　昔者明王事父孝，故事天明；事母孝，故事地察；長幼順，故
上下治。天地明察，神明彰矣。故雖天子，必有尊也，言有父也；
必有先也，言有兄也。宗廟致敬，不忘親也；修身慎行，恐辱先也。
宗廟致敬，鬼神著矣。孝悌之至，通於神明，光於四海，無所不通。
　　《詩》云：自西自東，自南自北，無思不服。

　　「四海之內，各以其職來祭」，即是《薄伽梵歌》自「法」生出祭祀之義。
所謂「聖人之教不肅而成，其政不嚴而治，其所因者本也」，即以孝道教化天下，
則無高明亂俗之弊，而有本立治順之效。且聖人明王之德，亦不出乎孝，因為
孝可通於天地，故曰：「事父孝，故事天明；事母孝，故事地察；長幼順，故上
下治。天地明察，神明彰矣。」是以孝不但親和父母長幼上下，雖鬼神亦為孝
所感通彰顯。自養親小孝至於配天大孝，乃是從形下世界到形上世界的飛躍，
卻還是不離一個孝字。可以說，孝就是中國文化裏的巴克提道。故《中庸》曰：

　　君子之道，費而隱。夫婦之愚，可以與知焉，及其至也，雖聖
人亦有所不知焉。夫婦之不肖，可以能行焉，及其至也，雖聖人亦
有所不能焉。天地之大也，人猶有所憾。故君子語大，天下莫能載
焉，語小，天下莫能破焉。詩云：「鳶飛戾天；魚躍于淵」，言其上
下察也。君子之道，造端乎夫婦；及其至也，察乎天地。

　　費，事之廣博也，平常也；隱，理之精微也，神奇也。愚可與知能行，聖
亦有不知不能，至平常而極神奇也。上下察神奇也，而鳶魚平常也。造端夫婦，
平常也，而察乎天地，神奇也。至平至常，人也；至神至奇，天也。不知天而
言人，以為切近也，而實不知人也。不知人而言天，以為高妙也，而實不知天
也，天與人豈可分哉？故智者不以人事滅天道，亦不以天道廢人事。後儒昧於
向上一路，但知事人而不知事天，使孝道失去了形而上的昇華，不能推擴於血
緣親族之外、之上，終於連人事亦難以維持。

　　用《薄伽梵歌》的語言來說，由踐行世間法（dharma）而通向解脫（moksha）、
覺明，意味著從形而下世界向形而上世界的陞轉。在證入形而上世界的旅途
中，形而下的「法」即道德實踐的世界並沒有被拋置一旁，而是作為手段或形
式被保留、運用，塵世的瑣屑成了通天之梯的材料，《舊約》的律法鋪就了《新
約》的超越，這就是「妙用」或「菩提瑜伽」的真義。「子曰：「不怨天，不尤
人，下學而上達，知我者其天乎？」下學而上達，調適而上遂，似乎就是「菩
提瑜伽」的妙用之道。「不怨天，不尤人」，意謂返身內求，體現出深層動機的

轉變和超越的情懷。程伊川《明道行狀》有言：「窮神知化，由通於禮樂；盡性知命，必本於孝悌」，對「下學而上達」之道闡述得尤為分明。如是，體與用、理與氣、知與行、天道與人事、形上與形下，皆打成一片，而非截然分為兩橛，用華夏道術的術語來說，即是「攝用歸體」。

所謂吠陀式的禮法世界與奧義書式的解脫世界之間的張力，在華夏道術裏表現為儒、道的對立與融合。儒家的道德實踐若未上升到對「性與天道」的覺悟，則終究難以超越功利世界，昇華到道德的自律與自覺，仁義聖智往往流為形式，成了小人求取功名利祿的門徑、大盜手中的竊國利器。道家對儒家的批判，所謂「絕仁棄義」、「絕聖棄智」，正是從形而上之道的角度，以「至人無己、神人無功、聖人無名」為最高境界，要求儒家放棄有我之執、功名之念，在「內在超越」的層面上踐履內聖外王之道。但從道家自身的立場來說，逍遙遊式的即身解脫之境，才是其終極旨趣。「道之真以治身，其緒餘土苴以為天下國家」，應帝王不過是不得已而為之的無為之大用。如是道家反而未能完成最終的「外在超越」，實現與天命的契接。基督教與佛教似乎都缺少這種將天道與人事打成一片，法天地之道造形為禮樂文明的作略。誠如胡蘭成先生指出的：

> 佛教否認對象，所以佛教不能為文明的造形。
>
> 佛教是其理論有了缺點，以致不拜神。但並非對於神不可有理論。如中國詩經商頌裏的上帝，經過道家與儒家的理論來加以說明了，還是不礙歷代帝皇的郊祀天地與
>
> 山川歲時。如周易的說明了「神無方而易無體」，不會是教了人們無神論，而是教了人們更悟得了神與大自然的所以然。基督教是因沒有理論，故為宗教，中國是有了理論，故能造形為禮樂。
>
> 只是基督教與佛教都不要以為治國平天下是屬世之事不足道，不知要把屬靈之事來造形化為禮樂之學才是難。（《革命要詩與學問》）

深入《薄伽梵歌》的結構，就能明顯看出，跟孝一樣，巴克提是主要的，甚至是最主要的提升力量，在邁向自我超越的轉化之旅中，它推動，或者說，提升了修行者。儘管在轉化之梯上存在其他的攀升動機，比如獲得真知的欲望、掙脫業力糾纏的欲望、追求瑜伽完美的欲望，巴克提仍然是激勵人追求即世而出世，在人倫日用中實現捨離和超越，彰顯天道和天命的核心動力。巴克

提的理念首先出現在第三章的結尾，克里希那催促阿周那懷著向他歸命的心態戰鬥：「是故，阿周那啊，你要將一切工作奉獻給我，全然認識我，不求任何得益，不聲稱擁有什麼，振作起來，作戰吧！」很快阿周那就作出反應，在第四章開頭，他探問克里希那的身份，對此克里希那回答，他是眾生之主，降世扶持正法。此後，克里希那在整篇《薄伽梵歌》的許多地方都鼓勵阿周那以奉獻之心託庇於他。大致上，克里希那勸導阿周那以三種基本方式，或說在三個階段上，成為他的奉獻者。

在第一層，克里希那鼓勵阿周那按照正法守職盡分，並把功業及其成果奉獻給他。這類奉獻的樣本可以在第九章結尾找到：「貢蒂之子！一切所做所食所施所修，為之而奉獻於我。」。這種說法底下所蘊涵的理解是：阿周那是在「法的世界」或「道義」裏思維；因此，他受到鼓勵，保持他的人類個體性，向克里希那奉獻他的業果。巴克提的更高境界是瑜伽式的奉獻，表現於克里希那對第四章的總結：「婆羅多！執慧劍而斷惑，彼皆生乎無明，以瑜伽為利器，汝奮起而效命！」。這代表了「內在超越」的位置，其間，阿周那力圖超越自身對塵世的貪戀，它們表現為停留在他心中的疑惑，這些疑惑阻礙了他清楚聆聽並追隨克里希那所給與的教導。克里希那力勸他採取瑜伽之道，以智慧劍，斬斷代表無明的疑慮。另外還有一首偈頌，儘管有點更針對個人，但卻具有同樣的意義：「是故於一切時中，唯念我兮，戰而凝心智於我，必至我兮，」。這首偈頌也將外在的戰鬥與內心的戰鬥結合起來；戰鬥在此被視為是一種瑜伽修煉，包涵了感官收攝、心智調伏以及內觀、冥思克里希那。因而，它表現出「內在超越」或瑜伽世界的兩種主要成分；一方面，欲求斬斷軀體化存在的羈絆，另一方面，是將自我契接於至高的靈性存在，這裡指的是克里希那本人。「第三層」巴克提或許可以用《薄伽梵歌》的兩首總結性偈頌來表達：「思我慕我，為巴克陀，敬事頂禮，一心在我，如是臻我，決定無錯，爾為我愛，我今許諾。離一切法，唯我來依，我必救度，脫爾業力；如是信受，再無畏忌！」。這兩首偈頌代表了一種更高超、更平和的奉愛之境；這是超越了法和瑜伽式內心搏鬥的「外在超越」境界，是一種強烈但又寧靜的在奉愛心態下的皈命之境，在這個境界裏，奉獻者始終在奉愛中思念著克里希那，也為克里希那所鍾愛。顯然，巴克提之三階段，對應於孝的三層超拔。借助對巴克提的解析，孝的層次及其不同境界得以凸顯。「明乎郊社之禮，禘嘗之義」，已臻皈命一貫之境，故而「與天地合其德，與日月合其明，與四時合其序，與鬼神合其吉凶。先天

而天弗違，後天而奉天時。天且弗違，而況於人乎？況於鬼神乎？」，如是，「治國其如示諸掌乎？」。

孝實際上涵蓋了仁、義，而仁、義是產生文明的禮的根基，故《中庸》曰：「仁者，人也，親親為大。義者，宜也，尊賢為大。親親之殺，尊賢之等，禮所生也。」辜鴻銘將仁、義譯為道德感和正義感，他認為，根據孔子的觀點，社會階層之不平等的基本原則，就取決於這兩種道德基礎：

> 道德感，也就是親近感的最高表現——所有人都會喜愛那些與我們關係密切的人；正義感，也就是英雄崇拜的最高表現——所有人都會尊重並且佩服那些比他們自身更可敬的人。在一個家庭中，親近感會更容易令人順從；而在一個國家當中，英雄崇拜則會讓上層階級統治下層變得合情合理。〔註35〕

他指出，在古代中國，農民和窮苦百姓之所以甘心服務於各級官吏，是因為他們已經受到教化，認識到了特權的真正的道德基礎：可敬。然而，在現代，為造成社會諸多不平等現象進行辯解的理由，卻是利益。由是，以自由平等為號召的現代文明失去了階級秩序的道德根基，隨時面臨著陷入無政府主義和暴民政治的危機。

## 二十、問政章

> 哀公問政。子曰：「文武之政，佈在方策。其人存，則其政舉；其人亡，則其政息。人道敏政，地道敏樹。夫政也者，蒲盧也。故為政在人，取人以身，修身以道，修道以仁。仁者，人也，親親為大。義者，宜也，尊賢為大。親親之殺，尊賢之等，禮所生也。故君子不可以不修身，思修身不可以不事親，思事親不可以不知人，思知人不可以不知天。天下之達道五，所以行之者三，曰：君臣也、父子也、夫婦也、昆弟也、朋友之交也，五者，天下之達道也。知、仁、勇三者，天下之達德也。所以行之者一也。或生而知之，或學而知之，或困而知之，及其知之，一也。或安而行之，或利而行之，或勉強而行之，及其成功，一也。子曰：「好學近乎知，力行近乎仁，知恥近乎勇。知斯三者，則知所以修身。知所以修身，則知所以治人，知所以治人，則知所以治天下國家矣。凡為天下國家有九經曰：

---

〔註35〕辜鴻銘譯注：《中庸》，天津社會科學院出版社，2015年版，第265頁。

修身也、尊賢也、親親也、敬大臣也、體群臣也、子庶民也、來百工也、柔遠人也、懷諸侯也。修身，則道立。尊賢，則不惑。親親，則諸父昆弟不怨。敬大臣，則不眩。體群臣，則士之報禮重。子庶民，則百姓勸。來百工，則財用足。柔遠人，則四方歸之。懷諸侯，則天下畏之。齊明盛服，非禮不動，所以修身也；去讒遠色，賤貨而貴德，所以勸賢也；尊其位，重其祿，同其好惡，所以勸親親也；官盛任使，所以勸大臣也；忠信重祿，所以勸士也；時使薄斂，所以勸百姓也；日省月試，既稟稱事；所以勸百工也；送往迎來，嘉善而矜不能，所以柔遠人也；繼絕世，舉廢國，治亂持危，朝聘以時，厚往而薄來，所以懷諸侯也。凡為天下國家有九經，所以行之者一也。凡事豫則立，不豫則廢。言前定則不跲，事前定則不困，行前定則不疚，道前定則不窮。在下位不獲乎上，民不可得而治矣。獲乎上有道：不信乎朋友，不獲乎上矣；信乎朋友有道：不順乎親，不信乎朋友矣；順乎親有道：反諸身不誠，不順乎親矣。誠身有道：不明乎善，不誠乎身矣。誠者，天之道也。誠之者，人之道也。誠者，不勉而中，不思而得，從容中道，聖人也。誠之者，擇善而固執之者也。博學之，審問之，慎思之，明辨之，篤行之。有弗學，學之弗能弗措也；有弗問，問之弗知弗措也；有弗思，思之弗得弗措也；有弗辨，辨之弗明弗措也；有弗行，行之弗篤弗措也。人一能之，己百之。人十能之，己千之。果能此道矣，雖愚必明，雖柔必強。

**達斯按**：本章是《中庸》的工夫論。以修身為樞軸，開出順成與逆轉兩路工夫。「故君子不可以不修身，思修身不可以不事親，思事親不可以不知人，思知人不可以不知天」，是由人而希天的向根本逆轉的內聖工夫；「知所以修身，則知所以治人，知所以治人，則知所以治天下國家矣」，是從天命下貫、率性修身而向外層層開出的順成的外王工夫。前者為超越，後者為內在。兩者並非互相排斥，而是互相融攝、互相補足之「兩行」。劉述先教授在《「兩行之理」與安身立命》一文中總結儒家之「兩行」：

> 孔子所展示的是一種既內在又超越的形態。他多數關心的是內在的一面，但無論道德政事，到處都彌漫著超越的背景。雖然他沒有用「天人合一的詞語，他無疑是屬於這一思想的形態，深信天是

超越的創造力量，自然、人事秩序的來源，人則以天為楷模。但我
們也要在同時強調天人的分殊性，孔子一生對於超越的天有著深刻
的敬畏，半點也不敢加以褻瀆！對於自己的限制有充分的瞭解。由
這個角度看，孔子無疑是一個宗教情緒極深的人物，雖然他所信的
天與基督教的上帝呈現了十分不同的面相。〔註36〕

知人事人與知天事天的「兩行」，再加上修身，構成了《中庸》層層互融
互攝的三層存在。與之相對應，《薄伽梵歌》也內涵了對實在的三層體驗。根
據《薄伽梵歌》所代表的吠檀多哲學，實在涵有不同的層級或層面。第一層是
經驗的、平常的，而第二層是絕對的，第一層無常而有限，第二層真常且無限，
也許可以用「法」（dharma）和「解脫（moksha）這兩個術語來加以論述，法
的層面代表了人類的或塵俗的世界，而解脫的層面代表了真實的或絕對的世
界。

提到法，其反義詞，邪法（adharma）也應被論及。一般而言，法和邪法
是對立的；但是從解脫的角度來看，法和邪法都屬於另外一個完全不同的範
疇。根據我們的定義，法和邪法都代表了有限的世界，而解脫之境屬於另外一
種完全不同的被稱為 moksha 的真際世界。這兩種對立，即法與邪法之間的，
法與解脫之間的，可以通過形象化的描述得到理解，法與邪法之間的對立是水
平的，兩者存在於同一個世界裏，而解脫（moksha）與法、邪法兩者之間的對
立可以看做是垂直的。這是因為法與邪法兩者都著落在塵世的或有限的世界
裏，而解脫則高踞於一個完全不同的無限而絕對的更高的世界裏。在這兩個世
界之間橫亙著《薄伽梵歌》，它即是有限也是無限，或者說，即是法也是解脫
──還有第三個維度，作為連結兩個世界的中間層，否則，由於無法跨越的鴻
溝，這兩個世界本來是互不連屬的。第一層代表法，張揚正當的人類生活。第
二層代表瑜伽，推動跳出種種生死苦境的努力，同時力求逐漸證入解脫之境。
第三層則代表了解脫之境本身。

第一層，即法的層面，其價值方面的總原則是成功興旺；因此，塵世幸福
和繁榮是被渴求的、美好的；就存在而言，個體在這一層面被定義為人類或任
何其他的生命，比如動物、植物等等。在第二層，世間榮華之類的價值被揚棄，
以利於養成對塵世的不執和對世間苦樂的漠視，並伴隨著自我與更高實在即
解脫之境的契接。就存在而言，個體不再把自我視為人或其他生命，而是視為

---

〔註36〕劉述先著：《儒家哲學研究》，上海古籍出版社，2010 年版，第 211 頁。

被輪迴法則捆綁的不朽的靈魂。因此個體的主體身份不再是人，而是永恆的靈魂。在第三層，理想的價值是梵樂（brahmananda）或梵（Brahman）之法喜體驗；這種覺悟發生於至尊者作為不朽大梵之根本的更宏闊的背景裏。如是，第二層的沖虛不執被深刻的對至尊者的依戀與情愛所取代。至於存在，位於第二層的靈魂不僅成了與大梵同體的純粹存在，而且取得了至尊者之純粹僕人、奉獻者的位份。

除了屬於知（jnana）的理論性一面，《薄伽梵歌》也有屬於行（karma）的實踐性一面。《奧義書》和《梵經》（Brahma sutra）更具理論性，故而沒有為發展一套行為和自我修養的哲學留出多少餘地。然而，《薄伽梵歌》卻是吠檀多領域裏的作品，為覺證至善設定了生活的規劃。這種對實踐的強調在其他兩部作品裏未曾得到完整的體現，因此，若沒有《薄伽梵歌》，不二論、限制不二論和二元論將在本質上變得貧弱無力，失去生活之路的準則。作為一部實踐性經典，《薄伽梵歌》指出了跨越第一層法的世界與第二層解脫世界之間的鴻溝的道路。僅僅服從正法遠離邪法並不足以達到解脫之境，還需要另外不同類型的努力或路徑。這種過程或進取有時被稱為「自我覺悟」，它包含一條轉化之途，藉此人才能一步一步地前行，從較低的層級邁向較高的層級。那麼問題來了，究竟《薄伽梵歌》為那些想要在自我覺悟之途上前行的修行者提供了什麼方法？換句話說，假若法與解脫之間的鴻溝是不可逾越的，怎麼能指望人跨越它，將娑婆世界拋諸腦後，最終上達解脫之境？《薄伽梵歌》究竟為渴望實踐轉化之道的個人或群體提供了什麼樣的實踐方法或體系？

《薄伽梵歌》所提出的一個主要問題是，應該選擇實踐之途還是思辨之途？這個問題有兩次被明確提到過，是在第三章和第五章的開頭，並且在其他地方也作了進一步的論述。《薄伽梵歌》明確推揚實踐之途，這條實踐之途提供了讓修行者從法的層面一直上升到解脫之境的方法。使人進升的業是根據法踐履的，並一直不斷地被奉行。故此，阿周那在跟克里希那的對話當中一直受到鼓勵，服從法，起來戰鬥。不過，隨著文本的推進，他受到勸勉，提純他作戰的動機；如是，戰鬥這一行為是在越來越高的內在覺知之境被執行的。這樣，儘管外表上還是在踐行賦定職分，但修行者已經通過行為動機的提升或淨化經歷了內在的轉化。這樣，一道階梯形成了，通過這道階梯，從法到解脫，修行者沿著自我超越或自我覺悟之途越升越高。

在最低一層，人的行為受到單純的實用主義驅策，因而，人在這個層面行

動的目的直接就是為自己獲得一些好處。隱含在《薄伽梵歌》第二章 34～36
頌裏的就是「單純的實用主義」的觀念：

> 背法棄戰，義有所虧，榮名玷污，身必遭罪。
>
> 榮名玷污，永受誹謗，英雄蒙恥，存不如亡！
>
> 諸將視汝，必為怯懦，素受禮敬，今遭鄙薄。
>
> 敵必詬污，以弱相訶，孰甚斯辱？爾將奈何！

這裏克里希那試圖說服阿周那拿起武器，其根據是以單純的實用主義為
潛在預設的一段議論。他假定阿周那追求的是名聲一類的得益，他辯稱，若撤
離戰場，阿周那將名譽掃地。下一個論據也是實用性的，但多少要高明一點，
因為它接受了經教的權威，贊同武士戰死昇天的觀念。因此可以稱之為「宗教
的實用主義」，或者，「法的實用主義」。換言之，阿周那受到勸告，要他服從
法，好在今生或來世得到某種結局：

> 義戰天賜兮，剎帝利之幸；天門為彼洞開兮，菩黎陀之子！
>
> （2.32）

比這還要高的層面是為法自身的緣故而持守法，或為職分的緣故而履行
職分：

> 為戰而戰，不計休咎，等視苦樂，不執得失，如是而戰，何罪
>
> 之有？（2.38）

「為職分的緣故而履行職分」的層面代表一種純粹的心態，它驅除了求取
功果的欲望，乃是《薄伽梵歌》的核心教導之一。不過，它還是在第一層的範
圍裏面，因為它未曾涵括對究竟之善的覺解，根據《薄伽梵歌》，擺脫生死輪
迴才是究竟之善。抱持這種心態的人達到了第一層的頂端，可以繼續向已經屬
於第二層的下一個階段陞進。下一個階段拒斥吠陀經的價值，它被認為是對塵
世得益的求取，以支持更高的理想——證入大梵：

> 如大淵盡有小池之用，覺者出入乎吠陀而得其真宗。（2.46）

這個階段也許可以稱之為「為至善或大梵而行動」，如此實踐的人處於表
現為各種瑜伽修法的第二層。他現在可能在行動瑜伽裏實踐，對業果全無興
趣，也許會把業果奉獻給無上者，或者，作為另一種選擇，可能修煉智慧瑜伽
（Jnana Yoga）、阿斯湯伽瑜伽（Ashtanga Yoga）或巴克提瑜伽（Bhakti Yoga）。
不過，這些各色各樣的瑜伽有一個共同的歸趣：使人出離塵世存在和貪著，契
接無上者。「瑜伽的層面」因而具有覺明和捨離的特徵：

但以菩提而妙用，遠離苦樂於物表，是故勤力於瑜伽，彼為萬行之妙道。（2.50）

瑜伽階段圓成之後，修行者最後就能升入第三層，moksha，解脫，從而凝注於大梵，無論是以諸如商羯羅一派的非人格的方式，還是以諸如羅摩奴闍一派的神愛的方式。「梵我一體」的非人格一路，遵從商羯羅：

獨得於內，妙樂自安，瑜伽修士，入梵涅槃。（5.24）

然而，《薄伽梵歌》具有顯著的奉獻性特徵，跟人格神之間的愛的交流成了在道德階梯上攀升的動力，也是巴克陀（Bhakta）即奉獻者所能達到的最高成就，這是按照羅摩奴闍一派的說法：

恒思我兮為我信士，敬事我兮向我頂禮，心歸命兮精誠抱一，

必臻我兮爾其若是！（9.34）

各個階段總結如下：單純的實用主義、法的實用主義、為職分自身的緣故、為了至善或梵而行動、瑜伽修煉階段、在人格或非人格覺悟裏的解脫之境。如是，動機的道德階梯形成了，行為動機越高明，在《薄伽梵歌》形而上結構裏的位置也越高。用這種方式，《薄伽梵歌》力圖覆蓋存在的全部領域，同時鼓勵世人攀登道德階梯，如是遠離生死，冥合大梵，無論其為非人格的抑或人格的。

就知、行而言，單純的實用主義，相當於「困知勉行」的層面；法的實用主義、為法自身的緣故而持守法，相當於「學知利行」的層面；在人格或非人格覺悟裏的解脫之境，相當於天縱之聖「生知安行」的層面，「生而知之」意味著對生命本初覺知的回歸。為了至善或梵而行動、瑜伽修煉階段，則相當於儒家所謂「修身」。而作為「萬行之妙道」的「菩提妙用」，既超越而內在，既內在而超越，與華夏的「中庸」之道可謂絲絲入扣。從「齊明盛服，非禮不動，所以修身也」來看，「修身」無異於在行動瑜伽裏的踐行職分，實踐者對業果全無興趣，會把業果以祭祀的形式奉獻給無上者，從而使自身心性得以淨化提升。在此推動行動瑜伽踐行者不斷進行自我超越的是智慧（jnana）、愛敬（Bhakti）和捨離（Vairagya），也就是《中庸》之「三達德」：知、仁、勇。所謂「知恥近乎勇」，把「勇」指向了自我否定和自我超越，也即對「我」與「我所」的不執、捨離。「修身」所涉及的範圍在「五達道」，即五種基本的人際關係或曰「五常」：君臣、父子、夫婦、昆弟、朋友。「修身」就是要擺正自身在這五種人際關係中的位置，從而在人與人的關係中體認自我的本性與天命之

—229—

所在。正是透過人與人之間關係之調適上遂，人與天之間的關係亦得以明白彰顯。值得探究的是，與人世的「五常」相對應，《薄伽梵歌》所屬的巴克提瑜伽（Bhakti Yoga）體系提出了奉獻者跟至上人格主神或薄伽梵之間的五種關係：中性關係、主僕關係、朋友關係、父子或母子關係、愛侶關係，巴克提瑜伽的終極目標就是覺悟真我（atma）與主神的關係以及隨之而來的 rasa 或情味，正是這種永恆的關係決定了真我或靈魂的本來面目（svarupa）。人與人的關係，似乎正是人與神的關係的折射。

　　陳柱於本章注曰：「修身以道，夫道者泛而言者也，切而言之，則為仁。仁者人也，位于果實之中者謂之人（『果仁』字，宋元以前《本草》方書作『人』，自明成化重刊《本草》乃盡改作『仁』。段玉裁說）位於天地之中者亦謂之人，則人者固與天地同體者也，修身者修天地之道，以合乎天地之體者也。天地之道，誠而已。人之修身亦誠而已。故曰：『誠者天之道也，誠之者人之道也』。」按誠即仁，也就是由人之所以為人的本性而生成的內心驅動力，反過來，這種驅動力也驅使人追求身心靈的統合以及向天命之性的回歸。《中庸》引《詩·周頌·維天之命》：「唯天之命，於穆不已。於乎不顯，文王之德之純」。朱子注曰：

> 賦也。天命，即天道也。不已，言無窮也。純，不雜也。此祭文王之詩，言天道無窮，而文王之德純一不雜，與天無間，以贊文王之德之盛也。子思子曰：「唯天之命，於穆不已」，蓋曰天之所以為天也。「於乎不顯，文王之德之純」，蓋言文王之所以為文也，純亦不已。程子曰：天道不已，文王純於天道亦不已。純則無二不雜，不已則無間斷先後。

　　此與天無間、純一不雜、流轉不已、生生不窮之「德」，表現出來就是「誠」。此「德」與「誠」為天人所共有，乃人心天命之本然與至善之所在。故曰：「誠身有道：不明乎善，不誠乎身矣」。天命是超越的，深遠而且深奧、深透，但卻下貫於人而為人之性，轉而為內在的天道。「誠」乃天之道、性之德，其本質為中和。故作為「誠者」的聖人，不勉而中，從容中道。正因為天命、天道既超越又內在，才使內在與超越一以貫之的「兩行」成為可能，而「誠」正是貫穿於「兩行」的內在驅動力。所以《中庸》強調說，「知、仁、勇三者，天下之達德也，所以行之者一也」，「凡為天下國家有九經，所以行之者一也」，內心之德與外王之道，都需要不已之「誠」的凝聚、提純與推動。前引《薄伽

梵歌》第九章34頌敦促正直的婆羅門、奉獻者、聖王們獻身為「我」服務：「恒思我兮為我信士，敬事我兮向我頂禮，心歸命兮精誠抱一，必臻我兮爾其若是」，可謂是「誠」的最高表現形式。

然而，誠如朱子所說：「未至於聖，則不能無人慾之私，而其為德不能皆實」，換言之，凡夫為人慾所覆蔽，未能自處於中和境界，無法做到真實無妄之「誠」。故需要「誠之」，也即修身、為學，而修身、為學之根本在變化氣質。朱子引呂氏注曰：

> 君子所以為學者，為能變化氣質而已。德勝氣質，則愚者可進於明，柔者可進於強。不能勝之，則雖有志於學，亦愚不能明，柔不能立而已矣。蓋均善而無惡者，性也，人所同也；昏明強弱之稟不齊者，才也，人所異也。誠之者，所以反其同而變其異也。

愚弱出於濁陰氣性，「擇善而固執之」以及由此而來的博學、審問、慎思、明辨、篤行接近中和氣性下的知與行，這讓我們又回到了《薄伽梵歌》的三極氣性說。《薄伽梵歌》第十八章29～35頌云：

> 慧與念力，亦判為三，氣性所成，我今細勘。
> 知義不義，明進與退，洞察迷悟，畏與無畏，彼慧如是，中和是謂。
> 昧於正邪，禮與非禮，彼慧如是，強陽生之。
> 正邪顛倒，蔽於闇迷，彼慧如是，濁陰生之。
> 勤修瑜伽，不懈精進，調伏意念，氣與諸根，如是念力，出乎和氣。
> 滯執於法，名聞利養，生乎染著，貪求業果，如是念力，其為強陽。
> 憂懼悲苦，不脫迷幻，溺乎頹唐，空虛妄誕，念力如是，陰濁癡頑。
> 樂亦有三，爾其聽之，得而悅豫，諸苦皆離。
> 始如毒苦，其末如飴，此樂中和，催生菩提。
> 諸根觸塵，樂出陽氣，始如甘露，末比毒苦。
> 迷乎真性，終始幻偽，生於虛誕，怠惰昏睡，樂而如是，濁陰之謂。

中和之智助人解脫於生死輪迴；因而，它分別世間和出世間。同樣，它也

分別當畏和不當畏，亦即生死和解脫。它分別正法內的和正法外的職分。強陽之慧無法辨別正法和邪法，而濁陰之慧顛倒真偽，以正法為邪法，以邪法為正法。透過堅穩的瑜伽修煉而產生的，支撐人的身心功能的念力被認為是在中和裏面。目的在享受，為達成人生之三目標——法、利、欲樂所需要的念力被認為是在強陽裏面，而不能讓人超越夢寐、憂懼、悲苦、幻妄的念力，乃是在濁陰裏面。儘管中和之樂從吃苦開始，要經歷修煉的繁難，但這修煉漸漸讓人變得滿足，並最終轉化為深沉的喜樂。強陽之樂根本不同，它建立在短暫的肉體、心理的滿足之上，後來變成了煩惱。濁陰之樂表現為貫穿始終的迷幻，建立在從怠惰、昏睡和粗疏而來的快樂之上。

從容中道之「誠」可謂真實不妄之心，內涵了中和之慧、中和性念力與中和之樂，即真實不妄之思想、信念與覺受。中和之慧來自博學、審問、慎思、明辨，而篤行生發於不懈精進、不染貪著的中和性念力。知與行在「誠」裏面交織融合，知與行的對立被一種新的對立，即在中和氣性裏的高級行為方式和源於強陽、濁陰氣性的低級行為方式之間的對立所取代。正是從知與行的交織融合，產生了既超越又內在的「兩行」之道，或中和氣性裏的高級行為方式。

瑜伽本是一條不斷向上超越、不斷向本根逆轉的出世通天之路。然而，《薄伽梵歌》對巴克提的獨特闡釋卻開出了另一條從天人之際不斷向下向外推擴順成的入世之路。薄伽梵克里希那並沒有贊成他的奉獻者阿周那為了維護法或追求解脫而逃離戰場，相反，他要求後者為了他放棄一切法去戰鬥。《薄伽梵歌》在印度經學和思想史上佔有特殊的地位，原因即在於它調和了解脫與法、出世和入世這兩者之間的張力和分歧。一方面，《薄伽梵歌》要求人按照種姓-行期體制守分盡職，以遵行正法。與此同時，通過提出內在捨離而非外在棄絕這樣一個獨特而又具有突破性的觀點，它又支持《奧義書》徹底棄絕世間以求自我覺悟和獲得解脫的理念。換言之，相對於拋離倫常日用以便成為一個浪跡天涯的托缽僧或林棲者的外在出離，《薄伽梵歌》推許一種內在的捨離，用這種方法，人雖持循世間正法，但是通過逐漸學會放棄功果並以之奉獻至上，又能沿著捨離之途取得心性的提升。對兩個本來互相矛盾的觀點的有趣彌縫，開出了一個將社會職責、世間作為與深刻的超越性、捨離心相結合的「兩行」體系。這種即世間而出世間的境界，讓我們又回到了華夏文化「極高明而道中庸」的「內聖外王」的傳統。

從表面看來，中國哲學所注重的，是家國人群，不是宇宙神明；是人倫日

用，不是地獄天堂；是今生行義，不是來世解脫。但其實，中國哲學並非如此簡單膚淺。按照馮友蘭先生的看法（參看《新原道》），中國哲學所追求的最高境界，是超越人倫日用而又即在人倫日用之中，它是「不離日用常行內，直到先天未畫前」。因其不離人倫日用，所以是世間的，是「道中庸」；因其超越人倫日用，所以是出世間的，是「極高明」。不離人倫日用而又超越人倫日用，即世間而出世間，就是所謂「極高明而道中庸」，馮先生謂之」超世間」。中國哲學的根本精神之一就是解決高明與中庸的對立，出世與入世的對立，內聖與外王的對立，玄遠與俗務的對立，本與末的對立，精與粗的對立，動與靜的對立。在超世間的哲學與生活中，這些對立都已不復是對立。其不復是對立，並不是這些對立都已簡單地被取消，而是在超世間的哲學及生活中，這些對立雖仍是對立，但已被統一起來。

然則中國哲學是如何統一這個對立的呢？馮先生認為關鍵在於覺解，以及由踐履此覺解而生成的境界。凡物皆本在天地中，皆本是天地的一部分。本來如是，凡物皆「雖欲自異於天地不得也」，然聖人獨能覺解之。覺解之即在天地境界，不覺解之則雖有此種事實而無此種境界。孟子云：「終身由之而不知其道者眾」（《盡心上》），《中庸》云：「君子之道費而隱。夫婦之愚，可以與知焉，及其至也，雖聖人亦有所不知焉；夫婦之不肖，可以能行焉，及其至也，雖聖人亦有所不能焉」，聖人並非能於一般人所行的道之外，另有所謂道，所以雖在天地境界中，其所做的事，亦是一般人所做的事，只是聖人對所做的事，有最高的覺解，故能出之以最高的無我同天乃至知天事天樂天的境界。程伊川說：「就孝悌中，便可盡性至命」，「至於灑掃應對，與盡性至命，亦是一統的事。無有本末，無有精粗」（《遺書》卷十八），「盡性至命，必本乎孝悌；窮神知化，由通於禮樂」，按照這個理路，不但盡性至命，即便窮神知化，也不出乎盡倫盡職、克己復禮。這就是孔子所謂的「下學而上達」的君子之道，《中庸》曰：「君子之道，造端乎夫婦，及其至也，察乎天地」，聖人的至道，也就是一般人時時所行不可須臾離的道，所以謂之庸，但聖人能將其行至於極致，也就是說，將其行至於恰好之點，恰好就是所謂中。行中庸之道的聖人，就他的行為說，可以只是「庸德之行，庸言之謹」，但就他的境界說，卻是「博厚配地，高明配天，悠久無疆」。顯然，跟《薄伽梵歌》一樣，儒家的中庸哲學也是一個通過將行與知、外在踐履與內在心性，亦即「將社會職責、世間作為與深刻的超越性、捨離心相結合」，以關合有限與無限、實際與真際、世間與

出世間的「兩行」體系。超越與內在的兩行兼顧，使我有雙重的認同：我既認同於超越的道，也認同於當下的我。我是有限的，道是無限的。道的創造結穴於我，而我的創造使我復歸於道的無窮，是在超越到內在，內在到超越的迴環之中，我找到了自己真正的安身立命之所。

不但儒家如此，即便嚮往逍遙出世的道家也一樣試圖走「極高明而道中庸」的路子。莊子《天下篇》論述老子的學說：「建之以常無有，主之以太一。以懦弱謙下為表，以空虛不毀萬物為實」，可謂心住超越，無我執亦無我所執，但又「常寬容於物，不削於人」，故亦不離世間。《天下篇》又論述莊子的學說，說莊子「上與造物者遊，而下與外死生無終始者為友。其於本也，弘大而辟，深宏而肆。其於宗也，可謂調適而上遂矣」，已經達到「極高明」的程度，但他雖獨與天地精神往來，「而不傲倪於萬物，不譴是非，以與世俗處」，故亦可以說是能「道中庸」。下而至於魏晉玄學，亦以和光同塵而不礙經虛涉曠相標舉。向郭《大宗師》注云：「故聖人常遊外以宏內，無心以順有。故雖終日見形，而神氣無變；俯仰萬機，而淡然自若」，僧肇云：「是以聖人空洞其懷，無識無知，然居動用之域，而止無為之境；處有名之內，而宅絕言之鄉」（《答劉遺民書》），「智雖事外，未始無事。神雖世表，終日域中」（《般若無知論》），聖人之行為不外人事，卻無礙於聖人之境界超越世表，可以說統一了有為與無為的對立。但道玄尤有方內方外之分，高明與中庸，還是兩橛，未曾打作一片。禪宗乃更下一轉語，謂「語默動靜，一切聲色，盡是佛事。何處覓佛？不可更頭上安頭，嘴上安嘴」（《古尊宿語錄》卷三），以至於著衣吃飯，屙屎送尿，皆是神通；擔柴運水、行住坐臥，無非妙用。凡聖二境及一切內外有無諸法，至此皆徹上徹下打成一片。禪者所做的，雖也是平常人所做的事，但卻出之以無心、無念、無住，故能無有黏滯，不為物累。黃蘗云：「但終日吃飯，未曾咬著一粒米；終日行，未曾踏著一片地。與麼時，無人無我相等。終日不離一切事，不被諸境惑，方名自在人。」無心、自在，有似於《薄伽梵歌》所謂的內在捨離、內在超越，正是轉業行為妙用的關鍵。

禪宗更進一步，統一了高明與中庸的對立。但如果擔水砍柴、行住坐臥，就是妙道，何以修道的人，仍須出家？何以事父事君盡倫盡職就不是妙道？於此再下一轉語，便又轉回到了儒家，演化為宋明道學。王陽明《傳習錄》云：「先生嘗言，佛氏不著相，其實著了相。吾儒著相，其實不著相。請問，曰：佛怕父子累，卻逃了父子。怕君臣累，卻逃了君臣。怕夫婦累，卻逃了夫婦。

都是為個君臣父子夫婦著了相，便須逃避。如吾儒有個父子，還他以仁。有個君臣，還他以義。有個夫婦，還他以別。何曾著父子君臣夫婦的相？」禪宗說：於相而無相，於念而無念。如果如此，則何不於父子君臣父子夫婦之相，亦於相而無相；於事父事君之念，亦於念而無念？實際上，在道學體系裏，事父事君即是事奉天地，君臣父子夫婦無非天地一氣之聚。

據劉述先教授的看法，佛家從一開始即揭櫫中道的思想，也就是說，要護持一既超越又內在的視野。但在佛教發展的過程中，則超越的一面始終凌駕於內在的一面之上。不只小乘是一出世的宗教，大乘破執，論辯精微，又各方面鋪陳，突出緣起性空的義旨，緣起照顧內在，性空凸顯超越，雖曰中道，然在世間的方面終無建樹。佛教由印度傳入中國，由於受到中國文化的影響而日益增強了內在入世的傾向。禪宗「當下即是」，已令超越深入內在，正如六祖所謂「佛法在世間，不離世間覺」，在佛家的義理規模下，已不可能再往前進一步了。劉述先認為：

> 但由儒家的觀點來看，佛家於人倫日用只能由俗諦的立場當作方便施設來接受，不能作出根源上的肯定，同時佛家的空理也終不能肯定天壤間生生不已之天理之存在與發用，而於性理、事理方面不免尚有所憾，則仍然是偏於超越，不夠內在。此所以熊十力先生不能不在唯識論之外另造新唯識論而盛張大易生生之旨！這裡面的確有典範上根本的區別所在，故彼此之間難以妥協調停。〔註37〕

如果說儒佛的分別在對本體之肯定與否定，那麼，在新儒家看來，儒、耶的分別在內在超越與外在超越。當代新儒家清楚地看到儒家傳統的宗教意涵，因此儒、耶的差別並不是宗教信仰與寡頭人文主義之間的對比與衝突。他們指出，傳統儒家體證的道流行於世間，是一種「內在的超越」的形態，基督教崇信的上帝創造世界，不在世界之內，是一種「外在的超越」或「純粹的超越」的形態。無疑，這兩個傳統表現了十分不同的特性：基督教相信一個超越的人格神，失樂園之後的人有原罪，需通過對於耶穌基督的他力得到救贖，天堂與俗世形成強烈的對比；儒家卻體認天道默運，相信非人格性的道，肯定性善，自己做修身工夫以變化氣質，證入天人合一的境界。兩方面的差距看似相當巨大。然而，從《中庸》古義來看，天道默運並不排斥大德受命，修身復性也不妨礙禮事上帝。天既是非人格性的天道，也是人格性的上帝或天命之所從出。

---

〔註37〕劉述先著：《儒家哲學研究》，上海古籍出版社，2010 年版，第 211 頁。

類似吠檀多學說中梵（brahma）與超我（paramatma）的關係，內在超越與外在超越互相綱維互相融攝，成為本體維度的「兩行」，使愛敬之孝徹底貫穿於既超越又內在的工夫層面的中庸「兩行」，知人事人與知天事天完全打成一片，至此地步才可謂進入至善之境。反觀新儒家只停留在內在超越的形態，故而愛敬之孝無法開放昇華以通於神明光於四海而獲得超越性，反倒被拘限在形骸私我之內，與超越性根源相隔斷，無法成為不斷推動心性提升的根本性動力。另外一方面，由於失去外在超越的綱維，內在超越亦失去了天人之間之無限莊嚴與無限張力，很容易墜入以氣為性的泛道德主義。此《中庸》古義正可與《薄伽梵歌》會通，從而勘定原始天人學說與文明基因之本來面貌。

## 二十一、誠明章

　　　　自誠明，謂之性；自明誠謂之教。誠則明矣；明則誠矣。

## 二十二、盡性章

　　　　唯天下至誠為能盡其性。能盡其性，則能盡人之性。能盡人之性，則能盡物之性。能盡物之性，則可以贊天地之化育。可以贊天地之化育，則可以與天地參矣。

　　**達斯按**：《中庸》自本章開始乃展開其屬於本體論範圍的天人學說。誠者，真實无妄之心，而本於天命之性，性本覺明，故此心亦能生起中和之慧，照見天人之際，是為從體起用之天道。先做學問思辨行工夫，逐漸存養中和之慧與中和之念力，進而明覺真實不妄之本心，證入性與天命，是為由用證體之人道。誠者從容中道，故無不明矣；明者變化氣質，則可以至於誠矣。貫通天人者，純粹中和氣性也。

　　《薄伽梵歌》第七章 4～13 頌闡解大梵之三相或三諦：物質、靈魂與無上者，其文曰：

　　　　地水火風空，心智我慢，我之元氣，化而為八。

　　　　摩訶婆呵！如是八者，元氣所形，須知別有，精氣流行，經綸天地，厥惟有情。

　　　　一切造物，二者所構，成毀由我，囊括宇宙。

　　　　檀南遮耶！更無一物，凌我之上，萬有在我，如線貫珠。

　　　　貢蒂之子！我為水之甘味兮，為日月光明，為吠陀真言兮，為

人中之力空中之音。

我為土之清芬，又為火之熱明，為眾生之生命，為行者之苦行。

帕爾特！我為萬有之種子分，無盡無窮，又為智者之智分，勇者之勇。

婆羅多之華胄！我為強者之強分，不為物化，為眾生之欲分，不違禮法。

元氣化生，皆來自我，非我在彼，彼咸在我。為化所惑，世莫我知，我超氣性，至上不易。

摩耶無敵，氣性所賦，一氣化神，信難調伏，歸命於我，摩耶得除。

克里希那現在提出了一種有神論的形而上二元論：隔離的或低等的自性建構出世界之精粗表象，未隔離的或高等的自性表現為攝持、延續此世之存在的靈魂。相對於數論的二元論，這裡所呈現的義理是有神論的；故此，這兩種自性皆依止於無上者，或說構成了他的自性，而他是萬物的根源、護持者，也是其最終的崩解。這裡舉出一個比喻：克里希那就像眾珠所依係的線；儘管看不到，線卻是維繫眾珠為一體的基礎。克里希那列舉出各種可以觸知的現象，比如水之甘味、土地的原始芬芳、日月之光，顯示他近在咫尺，就在萬物之背後。問題出來了，若說他近在咫尺，為什麼無上者又是不可見的呢？答案在三極氣性，其運作猶如惑人眼目的面紗。薄伽梵克里希那本人就是諸氣性的根源，並永恆地超越氣性，但那些未曾向克里希那皈命的人無法逃出氣性的嚴密控制，如是，墮入幻妄，無法看到無上者無處不在

此節所謂「自性」，梵文 prakrti，英譯 nature，nature 是自然的意思，但西方人性論也說 human nature，意謂人性，所以這裡講到的「自性」，意指 God』s nature，即上帝的自性。低等自性指物質自然，當其混沌未分時，稱為 pradhana，或譯為冥諦，即元氣、原質；當原質或元氣分化時，乃有三極氣性即陰陽中和之作用變化。高等自性指靈魂，梵文 Jiva，或譯為吉瓦、情命、個我。

無上者、物質、靈魂，相當於華夏文化體系裏的天、地、人。陸象山云：「人與天地並立而為三極」，故本節所討論的，其實即是大《易》的三才之道，所謂：「易之為書也，廣大悉備。有天道焉，有人道焉，有地道焉。兼三才而兩之，故六。六者非他也，三才之道也」，講的是天、地、人及其相互關係、運做法則，也就是天人之學。吠檀多謂之 sambanda-tattva，或可譯為理諦，屬

於本體論的範疇。《白虎通‧天地》篇對天、地有一段分說：

> 天者，何也？天之為言鎮也，居高理下，為人鎮也。地者，元
> 氣之所生，萬物之祖也。地者，易也，萬物懷任，交易變化。

物質，跟《白虎通》裏作為「萬物之祖」，「交易變化」的「地」是可以互
通的概念。任通妊，有孕育的意思，「萬物懷任」意謂「使萬物得以在其中孕
育」《鶡冠子》之《泰鴻》篇論及天、地與泰一：

> 泰一者，執大同之制，調泰鴻之氣，正神明之位也。故九皇受
> 傳，以索其然之所生。……。泰皇問泰一曰：「天地人者，三者孰急？」
> 泰一曰：「愛精養神內端者，所以希天。天也者，神明之所根也。醇
> 化四時，陶埏無形，刻鏤未萌，離文將然者也。地者，承天之演，
> 備載以寧者也。吾將告汝神明之極，天地人事三者復一也。

泰一為神明之極，天地人事三者所復之一，顯然具有作為大全整體之大梵
的身位。地從承天載物一面講，近於 prakrti 或自性、原質的概念。天為造化之
所資始，又為「神明之所根」，尤契合無上者所內涵之意蘊。莊子《天下》篇
云：

> 古之所謂道術者，果惡乎在？曰：無乎不在。曰：神何由降？
> 明何由出？聖有所生，王有所成，皆原於一。

此一即太一，為神明之極，內聖外王道術之根基，而又周流六虛、無乎不
在。《禮記》云：「夫禮必本於太一，分而為天地，轉而為陰陽，變而為四時，
列而為鬼神。」禮即是《六經》所載之道術，古者禮、道不分。

據《中庸》的說法，天地人三極，處於一種參贊化育的關係之中。具體地
說，天的作用在「化」，地的作用在「育」，人的作用在「贊」，三者相互為用，
是為「參」。所謂人與天地參，是指人在幫助（贊）天地化育萬物，而幫助天
地化育萬物，也就是「參」加了天地的工作，作為第三者或夥伴的關係加入到
與天地共長久的圈子裏去；其結果，人不僅超出一己之私，而且超出了人類之
限，渾然與天地萬物同體了。《逸周書‧武順》篇有曰：「人有中曰參，無中曰
兩，兩爭曰弱，參和曰強」。只知對立不知有對立所執行和嚮往的第三者，是
為無中之兩。知對立而又知第三者，是為有中之參。兩則爭，爭而不已則弱；
參便和，和而不流便強。「參」字這種既是動詞又是數詞的獨特情況，有利於
克服二分法的痼疾。二分法只承認世界是對立的，並相信對立的原因在於世界
二分，而「參」字卻指出任何對立的二者都不是孤立的，正是由於它們的對立，

便使得它們可以相參也必然導致相參，從而顯現出三分的真相。

很顯然，在天地人三極之中，人的作用是變量；它可大可小，可正可反。人若復其天命之性，就能順適天地的本性，從而使三極產生互補。三極有三種狀態：相贊、相生、相剋。生剋分列兩端，其中和便是贊，由此形成三極之道。對勘《薄伽梵歌》，「贊」應該意味著祭祀以實現天人循環，也就是有情之人將地之寶獻祭於有道之天，《禮記》所謂：「故天不愛其道，地不愛其寶，人不愛其情，故天降膏露，地出醴泉，山出器車，河出馬圖。」而祭祀正是禮的根本。用《薄伽梵歌》的語言來說，「贊」就是為無上者而奉獻。

人能參贊天地的關鍵在於放下我執、超入純粹中和或「至誠」中道，從而覺悟天命之性，上與超越並運化陰陽氣性的天命、天道相契合，如此便能知人化物而不為人所累、不為物所化，成就其「捨離心妙用」。在《中庸》來說。就是」唯天下至誠為能盡其性。能盡其性，則能盡人之性。能盡人之性，則能盡物之性。能盡物之性，則可以贊天地之化育」。

從心性之圓滿自在向無上者以及為無上者而奉獻，即從「內在超越」向「外在超越」的跳躍，在原始儒家的天人學說裏有突出的表現。牟宗三先生稱之為「性與天道」之超越的遙契（參考牟宗三《中國哲學的特質》）。這主要反映在《論語》中孔子的幾句話裏：「下學而上達，知我者其天乎？」、「五十而知天命」、「畏天命」，古人訓「學」為「覺」，下學而上達，即是從心性之發明，調適而上遂於天道、天命、天德。「知我其天」表示若人能由克己踐仁而喻解天道，天反過來也喻解人，此時天人的生命互相感通，而致產生相當程度的互相瞭解。孔子下學上達。便是希冀與天成為知己。牟先生認為，這裡的「天」是敬畏的對象，無疑具有人格神（personal God）的宗教意味。

除了「超越的遙契」，牟宗三先生指出，還存在另一種「內在的遙契」。如果說，「超越的遙契」是在「情」的層面對天命、天德的契合感通，那麼「內在的遙契」是在「理」的層面向天道的契接融入。《孟子》云：

> 盡其心者，知其性也，知其性，則知天矣；存其心，養其性，
>
> 所以事天也，夭壽不貳，修身以俟之，所以立命也。

至誠之人通過精誠之感通，契入天地人三極之理，故能盡己之性、盡人之性、盡物之性，乃至融入天地大道，參贊天地之化育。在此，天不再示現為人格神，而是呈露為天地人三極之理，以及作為天理之流行的天地大道，故此天乃義理之天。人、物不復外在於天，而是融入天地之道，成了天地人三極之道

的其中一極。此天人感通之根基在於，作為義理之天的天命、天德亦下貫於人，內在化為人之性（天命之謂性），復此性者即「天下之至誠」（誠者，天之道也；誠之者，人之道也）。

　　由此看來，儒家義理所謂「天」，亦即無上者，一方面是超越的（transcendent），另一方面又是內在的（Immanent）。「超越的遙契」著重客體性（Objectivity），「內在的遙契」著重主體性（Subjectivity）。本節第一頌從主體入手，第二頌切入「本體與現象」之理，第三頌又歸於作為客體的人格神，可謂融攝了「內在的遙契」和「超越的遙契」，使主體與客體、情與理取得了真實的統一。不過，《薄伽梵歌》明顯更著重「超越的契合」，向人格神歸命奉獻，或說巴克提，才是《薄伽梵歌》的主旨。因為，誠如扎赫納所說，作為上帝，《薄伽梵歌》中的克里希那超越不朽的梵，一如其超越表象世界。梵、表象世界是天理與天理之流行，而人格神才是梵、天理的承載者與究竟歸趣。透過對梵、表象世界即天理與天理之流行的體悟、認知，才能真正覺解人格神之超越性和圓滿性。這裡，天、天命沒有因為拉進人心「內在化」而不復成為敬畏的對象，也沒有轉化為一非人格性的形而上實體（Mataphysical Reality），「天」保有了他的超越性，同時又將天道、天理攝入其內，使「內在的遙契」成為可能，使得從人性向天道的跳躍亦成為可能。梵、表象世界不再是擋在人、神之間的迷霧，而成了天人感通的橋樑。「內在的遙契」乃「準天地」，「超越的遙契」乃「配神明」。實際上，孟子由知性、知天而事天、立命的修煉歷程，已經融攝了「內在的遙契」和「超越的遙契」。

　　此天人之際正是東西、華梵、古今文化分途的節點。基督教始終為重客體性的宗教，但因為少了「內在的遙契」，對天人之理、天地之道沒有深透的悟入，人的生命之真正主體不能透出，只在情識、理性上糾葛周折，所以造成天地人之間無法彌縫的分裂鬥爭。另一方面，中國文化，包括儒家、道家，特別是後來演變出的理學、禪學，越來越偏向「內在的遙契」，以致主體性被無限誇大，最後主體性取代客體性，作用取代本體，人僭越了天，理扼殺了情，超越之義、敬畏之心蕩然無存。這個路子，消解了為孔子所繼承的，天人有分、情理交融的原始大道。牟宗三先生不無自豪地將這個演變過程概括為「天道的嚴肅莊重的宗教意味轉為親切明白的哲學意味」，但是，乾枯冥頑的哲思，怎能安頓躁狂的人心呢？相比之下，《薄伽梵歌》對天人關係的闡釋更為圓融通透，它所呈現的渾樸自然的原始大道，似乎為未來的文化融合提供了可能的契機。

　　總起來看，相比於把梵抽象為無差別、無屬性，把眾生和世界皆視為幻的商羯羅的幻有宗（Mayavada）不二論，《中庸》所內涵的天人學說更契合毗濕奴宗（Vaishnavism）吠檀多大師羅摩奴闍對吠檀多哲學的闡釋。羅摩奴闍認為，吠檀多哲學的最高宇宙精神梵與最高人格主神毗濕奴是同一的。梵是無限的、具有完全的實在性，梵既是世界的動力因又是世界的質料因。梵在創造世界時，首先根據自己的意志，為了遊戲的緣故，由自己的部分分離出純粹的精神和原質，從而創造出世界。純粹精神產生出了無數的個我（靈魂），個我的本性是知和歡喜。由原質產生出各種現象世界。梵、個我、物質世界都是實在的。梵在創造出世界之後，成為最高的阿特曼或宇宙大我，內制個我和世界，形成三者的不可分離的關係。從這個意義上講，梵、個我和物質世界是不一不異的關係。個我是梵的身體和形相，個我具有梵的本性，物質世界亦然。個我和物質世界都把梵作為自己最根本的性質。從這個意義上講，梵、個我、世界三者是同一的。換言之，個我和物質世界都是梵的形相，梵由於這兩者的實在性而被限定。被限定的梵與這二實在是不一不異的，因此羅摩奴闍的哲學被稱為限定不二論。宇宙大我、世界、個我即天、地、人，三者之本源為大梵，也就是太一。天地人一體而相生，是為「參」。《逸周書》曰：「人有中曰參，無中曰兩。兩爭曰弱，參和曰強」，超兩而入參，關鍵在於建中。地與人或物質與精神，本來是對立的，但由於天作為高於對立的第三極「中」被引入，物質與精神便為天所融攝，不再成為對立，放下物慾的人反而能盡物之性而妙用世界，成就其對天的奉獻與向太一的回歸，是為建中立極之道，也就是《薄伽梵歌》所揚舉的菩提瑜伽之道。建中，消解了物質與精神的對立；立極，找到了物質與精神的歸宿。

　　值得注意的是，在諸多毗濕奴宗傳系當中，羅摩奴闍一系更強調在俗世生活中踐行正法，以培養美德和智慧，努力填平超驗世界與現實社會、目的與手段、永恆實體與日常經驗之間的鴻溝〔註38〕。

## 二十三、致曲章

　　　　其次致曲。曲能有誠，誠則形，形則著，著則明，明則動，動
　　則變，變則化。唯天下至誠為能化。

〔註38〕 參考孫晶著：《印度吠檀多哲學史》上卷，第七章，中國社會科學出版社，2003
　　　年版，第 322 頁。

達斯按：至誠盡性、參贊化育，乃從天道順成，落實於人道，為聖人事；致曲有誠、著明變化，乃從人道逆轉，上達於天道，為賢人事。所謂曲，一偏也，或從知入，或從行入，路徑或有分殊，但皆歸結於體證此真實无妄之本心、生生不已之真幾，也即是誠。此誠絕非抽象空虛，而必定有所呈現有所發露，即由神機外發為氣立，氣動乃生起著明變化。《黃帝內經·素問·五常政大論》有論：

> 歧伯曰：根於中者，命曰神機。神去則機息。根於外者，命曰氣立，氣止則化絕。故各有制、各有勝、各有生、各有成。故曰：不知年之所加，氣之同異，不足以言生化，此之謂也。

> 帝曰：氣始而生化，氣散而有形，氣布而蕃育，氣終而象變，其致一也。

關於這段《黃帝內經》要緊文字，唐王冰真人注曰：「生源繫天，其所動靜，皆神氣為機發之主，故其所為也，物莫之知。是以神捨去則機發動用之道息矣」。張景岳《類經》曰：「物之根於中者，以神為主，而其知覺運動，即神機之所發也；物之根於外者，必假外氣以成立，而其生長收藏，即氣化之所立也」。誠當然是「根於中者」，為生生不已之生命真幾，乃神氣之所凝聚。外氣之生化變動，皆依賴藏於內之神機。「誠則形，形則著，著則明，明則動，動則變，變則化」，與「氣始而生化，氣散而有形，氣布而蕃育，氣終而象變，其致一也」，其理一也。

《中庸》與《內經》實際皆根基於同一套源出《易經》的上古生命科學、生命哲學，古印度謂之數論。按照《薄伽梵歌》的修煉次第，通過修持行動瑜伽，在正法之踐履中獲得歷練、淨化，行者之智慧增勝，便可進入智慧瑜伽之階段。智慧瑜伽，梵文為 Jnana Yoga，Jnana，即理，有知識、智慧、正見的意思。這種智慧並非世間的智慧，而是指能夠認識覺證自我以及宇宙大我的最高智慧。智慧瑜伽所覺解者，實即僧佉（sankhya）或數論。

據《薄伽梵往世書》記載，數論最初創自伽毗羅仙人（Kapila deva），《奧義書》對此亦有論述。此係原始數論持有神論，與後世之無神數論迥然有別。《薄伽梵歌》之數論與《薄伽梵往世書》之數論同出一脈，其學理主要有三部分，一為靈肉說，一為二十五諦說，一為氣化三極說。

數論認為，身體是各種物質元素以及靈魂、超靈活動的場所，梵文稱為 ksetra，也就是「田」。《薄伽梵歌》第 13 章專論身田，其言曰：

　　身謂之田，有身之人謂之知田者（之二）

　　須知我亦識田者，遍在一切身田；知田與識田者即謂之明，我之見解如是。（之三）

　　五大、我慢、識、元氣、十根、一心、五唯、欲、嗔、苦、樂、集、信、覺知，剖析列舉，總謂之田，攝其變性，相互作用。（之六）

所謂五大、十根，總括為二十四諦；有身之人即真我、靈魂（atma），乃覺知身田者，為第二十五諦；「我」即神我、超靈，亦居於身田，為身田之最終主宰者、觀監者與長養者，而又獨立於身田外。二十四諦分為：

五大——地、火、水、風、空

五知根——鼻、皮、耳、舌、眼

五作根——口、手、足、生殖、排泄

五唯——色、聲、香、味、觸

心根——心意（mana，舊譯末那）

識——梵語 buddhi

我慢——梵語 ahankara

原質——未展示之物質自性（Prakrti）

其演化的順序是：在原人或神我操控下，靈魂與自性交合，由自性生統覺，統覺生我慢，我慢受三極氣性（三德），在強陽之氣推動下，合陰氣而生五唯、五大，合中和之氣而生五知根、五作根與心根。五大構成粗身，心、識、我慢構成細身。粗身、細身、靈魂三者合成了整個身田。細身高於粗身，靈魂高於細身，為不朽之真我。《內經》所謂中、神機皆不出神我、阿特曼之體用範圍。

《薄伽梵歌》將元氣分而為八，與易之八卦說相通。《易·繫辭》曰：

　　是故，易有太極，是生兩儀，兩儀生四象，四象生八卦，八卦定吉凶，吉凶生大業。

太極即太一，兩儀為陰陽（即數論所謂原人與自性），四象為元氣變化而生之四種表象（老陰、少陰、老陽、少陽，實為三氣說之另一種版本），八卦代表八種不同性質的物質能量。《易·說卦傳》言八卦曰：

　　乾，健也。坤，順也。震，動也。巽，入也。坎，陷也。離，麗也。艮，止也。兌，說也。乾為天，為圓，為君，……坤為地，為母，……震為雷，……巽為木，為風，……坎為水，……離為火，……兌為澤，為少女

按《易》之八卦中，艮、坎、離、巽、震分別對應於《薄伽梵歌》之地、水、火、風、空。空與空間、聲音有關，故震取象於雷。心、智、我慢分別對應於兌、坤、乾。乾健主宰，為我慢之屬性；智為分辨判斷能力，隨我慢而動，故順而為坤；心（即心意）流動不息，其性常避苦而求樂，故對應取象於澤、少女的兌，兌通悅。可見數論五大之說，與華夏之五行論契合。五大之地、水、火、風、空，相當於五行之土、水、火、木、金。從中醫的角度來看，木對應於肝，肝生風，是故木對應風；金對應於肺，肺出聲，聲賴空而發，是故金對應空。五行論最早見於《尚書·洪範》，其文曰：

> 五行：一曰水，二曰火，三曰木，四曰金，五曰土。水曰潤下，
> 火曰炎上，木曰曲直，金曰從革，土爰稼穡。潤下作鹹，炎上作苦，
> 曲直作酸，從革作辛，稼穡作甘。

> 五事：一曰貌，二曰言，三曰視，四曰聽，五曰思。貌曰恭，
> 言曰從，視曰明，聽曰聰，思曰睿。恭作肅，從作乂，明作哲，聰作
> 謀，睿作聖。

五行即五大，與五味相配。後世陰陽家又以五行配五色、五音，猶數論之以五大配五唯（色、聲、香、味、觸）。陰陽家以五行配五氣、五性（喜、怒、哀、惡、好）、五常（仁、義、禮、智、信），《尚書·洪範》於五行之下舉五事（貌，言，視，聽，思），則與數論由五大生五作根、五知根、心根之說相通。且《洪範》首倡「建立皇極」，「皇極」即「太極」或「太一」，以「太一」或宇宙大我統攝天地陰陽五行以及一切人事，也符合數論和《易》的理路。而從五行衍化的五氣、五性、五常、五事可謂涵蓋了修身的各個方面。

從神機、氣立這一套上古生命科學、生命哲學產生了修煉心性的工夫法門，成為修身之關鍵，荀子《修身》篇謂之「治氣養心之術」。《黃帝內經·素問》卷一之〈上古天真論〉云：

> 黃帝曰：余聞上古有真人者，提挈天地，把握陰陽，呼吸精氣，
> 獨立守神，肌肉若一，故能壽敝天地，無有終時，此其道生。

長沙馬王堆出土《行氣玉銘》，講的就是真氣如何在人體內如何運行的方法。儒道兩家承接上古傳統，都有一套鍛鍊心志的修身養氣工夫。郭店竹簡中多有儒家和道家的文本，幾乎都和精神修養有關，《性自命出》一篇對這方面的討論尤其深入而複雜，如其下篇有「聞道反己，修身者也」和「修身近至仁」的說法。此外，《老子》（簡乙）有「修之身，其德乃真」的說法，也與傳世本

頗為不同。《莊子》有「心齋」之說，所謂：「唯道集虛，虛者心齋」。荀子《解蔽》篇云：「人何以知道？曰：心。心何以知？虛壹而靜」，虛壹而靜，自然是中和氣性之表現。孟子倡「養氣」，道學家「變化氣質」、「觀聖人氣象」，都是指存養中和之氣，進而復歸天地之性。《漢書‧藝文志》有《公孫尼子》二十八篇，嚴師古謂公孫乃七十子之弟子。董仲舒《春秋繁露‧循天之道》於言「舉天地之道，而美於和，是故物生，皆貴氣而迎養之」之後，既引孟子「我善養吾浩然之氣」，遂及公孫之養氣說：

> 公孫之養氣曰：裏藏，泰實則氣不通，泰虛則氣不足，熱勝則氣寒，泰勞則氣不入，泰佚則氣宛至，怒則氣高，喜則氣散，憂則氣狂，懼則氣攝。凡此十者，氣之害也，而皆生於不中和。故君子怒則反中而自說以和，喜則反中而收之以正，憂則反中而舒之以意，懼則反中而實之以精。夫中和不可不反如此。

氣宛即氣鬱。氣不達於中和則生害，故君子之道在效法天地，保養其中和之氣。《春秋繁露‧循天之道》謂之「愛氣」，其文曰：

> 民皆知愛其衣食，而不愛其天氣。天氣之於人，重於衣食。衣食盡，尚猶有間，氣盡而立終。故養生之大者，乃在愛氣。氣從神而成，神從意而出。心之所之謂意，意勞者神擾，神擾者氣少，氣少者難久矣。故君子閑欲止惡以平意，平意以靜神，靜神以養氣。氣多而治，則養身之大者得矣。

> 古之道士有言曰：「將欲無陵，固守一德。」此言神無離形，則氣多內充，而忍飢寒也。和樂者，生之外泰也；精神者，生之內充也。外泰不若內充，而況外傷乎？忿恤憂恨者，生之傷也；和說勸善者，生之養也。君子慎小物而無大敗也。行中正，聲向榮，氣意和平，居處虞樂，可謂養生矣。凡養生者，莫精於氣。

愛氣故閑欲止惡，以免意勞神擾，如此神氣相盈，中正和樂。故董子曰：「凡養生者，莫精於氣」。《春秋繁露‧循天之道》也以攝心中正為君子養氣之道：

> 故君子道至，氣則華而上。凡氣從心，心，氣之君也，何為而氣不隨也？是以天下之道者，皆言內心其本也。故仁人之所以多壽者，外無貪而內清淨，心和平而不失中正，取天地之美以養其身，是其且多且治。鶴之所以壽者，無宛氣於中，是故食冰。猿之所以

壽者，好引其末，是故氣四越。天氣常下施於地，是故道者亦引氣
於足；天之氣常動而不滯，是故道者亦不宛氣。苟不治，雖滿必虛。
是故君子養而合之，節而法之，去其群泰，取其眾和。高臺多陽，
廣室多陰，遠天地之和也，故人弗為，適中而已矣。

「引氣於足」指導引行氣，即《莊子‧大宗師》所謂「真人之息以踵」。
由此看來，儒家雖以行動瑜伽之禮義名分處世教人，但確乎還有一套禪瑜伽
術，用來修心成聖、溝通天地。孟子對心與氣的關係有深刻的理解，其言曰：

夫志，氣之帥也；氣，體之充也。夫志至焉，氣次焉。故曰：
持其志，勿暴其氣。

志壹則動氣，氣壹則動志。今夫蹶者、趨者，是氣也，而反動
其心。

志，趙岐注為「心所念慮」，朱子注為「心之所之」。心（mana）能制氣
（prana），氣也能調心，這是瑜伽術的基本原理。由此孟子進一步提出了他的
「浩然之氣」說，《孟子‧公孫丑上》云：

其為氣也，至大至剛，以直養而無害，則塞於天地之間。其為
氣也，配義與道；無是，餒也。是集義所生者，非義襲而取之也。
行有不慊於心，則餒矣。

「浩然之氣」，已非一般的「行氣」之氣，而是得自於天，發之於心，乃
是天地之性的發露。配義與道，則「治氣養心之術」並不僅止於個人的得道或
長生，而是通過天人合一的精神修煉來踐義行道，建立理想的政治和社會秩
序，作為對天地的奉獻，孟子所謂「存其心，養其性，所以事天也」。反之，
若止步於個人的成就，氣就會變得虛弱，從《薄伽梵歌》的角度來說，就是未
能從中和氣性上升至純粹中和氣性或曰「浩然之氣」。所以《論語‧憲問》載
孔子答子路「修己」之問，先說「修己以敬」，再說「修己以安人」，最後則說
「修己以安百姓」，修煉次第之轉進甚為分明。是為上古內聖外王之道，源出
黃老的管子對此發揮得更為清楚，《管子‧心術下》云：

執一之君子，執一而不失，能君萬物，日月之與同光，天地之
與同理。聖人裁物，不為物使。心安，是國安也；心治，是國治也。
治也者心也，安也者心也。治心在於中，治言出於口，治事加於民，
故功作而民從，則百姓治矣。

「治心在於中」，對應於《中庸》之「建中」。文中「執一」之「一」即是

太一。太一統攝天地、陰陽、四時，故執一之君子能裁成萬物，且「日月之與同光，天地之與同理」。由此看來，「執一」其實就是「立極」。「建中」是內在超越，而「立極」是外在超越，通過「建中立極」或「建立皇極」，內在超越與外在超越融合而為形上層面之「兩行」。由此看來，《中庸》所傳承的，還是《洪範》九疇之心法。

「治氣養心之術」源出《周禮》中記載的「神士」，也就是巫。巫早已在禮樂傳統中建立起一套系統的「事神」方法，「治氣養心之術」理當為其中之一部分技能，比如《管子·心術上》：「虛其欲，神將入舍；掃除不潔，神乃留處」。余英時先生指出，巫是人神之間的中介，所事之神，無論是「上帝」或「在帝左右」的先王、先公，都明顯地具有人格神的意味。但戰國時期的軸心思想家卻拋棄了「事神」的理念，轉而追求全無人格神意味的流行於萬有之間的「道」，「治氣養心之術」遂獨立出來，成了悟「道」的技能和手段〔註39〕。這固然是事實，但華夏文化卻失去了外在超越的維度，華夏文明之「極」轟然倒塌，從此大道破碎，賢聖不明，過上了「架漏補缺」的艱難日子。莊子發而為千古浩歎：

> 雖然，不該不遍，一曲之士也。判天地之美，析萬物之理，察古人之全。寡能備於天地之美，稱神明之容。是故內聖外王之道，暗而不明，鬱而不發，天下之人各為其所欲焉以自為方。悲夫！百家往而不反，必不合矣！後世之學者，不幸不見天地之純，古人之大體。道術將為天下裂。

余英時先生認為古希臘的哲學亦發源於「薩滿傳統」（shamanistic tradition），其「精神鍛鍊」（spiritual exercises）之性質和功能與中國的「修身」恰好相當〔註40〕。希臘的「精神鍛鍊」包括許多技能，比如節食、禁睡眠、抗寒熱、控制呼吸等等，很像中國的「辟穀」、「行氣」、「焚不能熱」、「沍不能寒」之類。希臘、羅馬的古典哲學並不是理論空談或者不著實際的思辨，而是要求即知即行：每一家哲學即是一種生活方式的選擇。「精神鍛鍊」的主要功能在於使人不斷提高自己的精神境界，這種自我內在轉化大抵採取兩條似相反而實相成的道路：一條是內向的，即集中於自我與良知的省察（concentration on

---

〔註39〕參考余英時著：《論天人之際：中國古代思想起源試探》，臺灣聯經出版公司，2014 年版，第六章。
〔註40〕余英時著：《論天人之際：中國古代思想起源試探》，第六章。

the self and the exemination of the consciusness），另一種則是向外的，即與宇宙的關係和「我」的擴大（relation to the cosmos and expansion of the I），以求打破小我，融入宇宙、自然或「實有的整體」。柏拉圖派、伊壁鳩魯派和斯多葛派都屬於這種天人「兩行」的路數。雖然余先生驚歎於古希臘與中國軸心突破以後的「天人合一」新系統殊途同歸，「幾若出於同一模型」，但他斷定兩者互相影響的可能性是絕對不存在的。余先生的推斷固然有理，但無可否認的是，無論中國的「修身」還是希臘的「精神鍛鍊」，跟印度的「瑜伽」皆可謂不謀而合，而印度對古希臘哲學的影響是眾所周知的。並且，像「治氣養心之術」這種精深微妙的生命科學，也很難想像不同的文明都會有獨立的發現。

## 二十四、前知章

> 至誠之道可以前知。國家將興，必有禎祥；國家將亡，必有妖孽。見乎蓍龜，動乎四體。禍福將至：善，必先知之；不善，必先知之。故至誠如神。

**達斯按：**此章發揮至誠之妙用，言至誠乃可以見微知著，與天地萬物鬼神相感應。《易傳》謂之「神」，《易·繫辭》曰：

> 《易》與天地準，故能彌綸天地之道。仰以觀於天文，俯以察於地理，是故知幽明之故；原始反終，故知死生之說；精氣為物，遊魂為變，是故知鬼神之情狀。與天地相似，故不違；知周乎萬物，而道濟天下，故不過；旁行而不流，樂天知命，故不憂；安土敦乎仁，故能愛。範圍天地之化而不過，曲成萬物而不遺，通乎晝夜之道而知，故神無方而《易》無體。

> 易，無思也，無為也，寂然不動，感而遂通天下之故。非天下之至神，其孰能與於此？

牟宗三先生指出，「神者妙萬物而言者也」之「神」，須通過寂感來瞭解，寂感不是分成兩段，即寂即感，同時是寂同時是感，同時是存有同時是覺照，是為寂感真幾。從存有性方面說，它是理；從覺性方面說，它是神、是心。《薄伽梵歌》第五章第 7～14 頌論及真我之「我實際並未做什麼」，也就是「寂然不動、感而遂通」之「神」：

> 瑜伽妙用，潔淨其意，攝心御根，人我一體，斯人雖作，不受業係。

　　知真者自思：余惟妙用，了無所作。觸嗅聽視，言行食息；排泄攝持，目開目閉；諸根觸塵，我則遠離。

　　棄執著以盡分，捐業果於太一，如是遠離罪業，蓮葉不受水滴。

　　棄執著而動乎根身心智，瑜伽士所作皆以淨心為務。

　　犧牲業果，成就清淨。貪執業果，必受報應。

　　於意念盡捨諸業，安居乎九關之城；有身者一無所作，亦不動心使欲作。

　　彼有身者，自為城主，不有自業，不造他業，無關因果，皆氣所作。

　　理想的作為者不受其行為玷污，因為他行動的方式是瑜伽性質的，它是「行動瑜伽」。本節探討這類行動大師的內在覺知，其境界可概括為「我實際並未做什麼」。寄於軀殼之中，他觀照被作用於感官對象的感官，彷彿在觀察外部的現象。如此，他明白，感官受感官對象的驅迫，或者，從更廣的視角來看，是受氣性的推動。第十頌將這個觀點又推進了一步：它不僅講到業行外於自我，而且提出一種行動卻不受業污的行為方式，也即通過為梵而奉獻。隨著向至尊者奉獻祭祀、苦修的呼籲，梵的觀念將很快發展為一種具體的、人格化的觀念。按照本節所論，瑜伽士的目標是內心的潔淨；為此他運用身體、靈魂，乃至一切當中之最兇險者——感官。他的努力使他內心獲得了深刻的寧靜和喜悅；旨在純淨靈魂的瑜伽士所擁有的內樂之境，解釋了對外部世界的出離為何應得到瑜伽，或者說持續不斷的追求純淨的內在努力的支持。如是，雖然單單出離需要對外部世界堅定的厭離心，得到瑜伽支持的捨離卻表現出一種自足、內樂的特徵。這種內在的境界讓瑜伽士於入世有為的同時，繼續保持無著、喜樂的瑜伽之境，《易傳》謂之：「旁行而不流，樂天知命，故不憂」。「範圍天地之化而不過」，即《薄伽梵歌》所謂「棄執著而動乎根身心智，瑜伽士所作皆以淨心為務」。

　　「安土敦乎仁，故能愛」，即《薄伽梵歌》所謂「棄執著以盡分，捐業果於太一」，由盡人倫本分而實現對無上者之奉獻、祭祀。知幽明、知死生、知鬼神、通晝夜，皆從對自我作為靈魂之覺悟而來。知周道濟，曲成萬物，是講天人感應生起參贊化育之「神」，所謂「不疾而速，不行而至」者也，相當於《薄伽梵歌》之」瑜伽妙用」。

　　「我實際並未做什麼」，這種寂然不動、了了分明的覺知境界，在禪宗裏

被表述為:「終日吃飯沒咬著一粒米,終日穿衣沒掛著一絲紗」。禪宗也認為,在肉身之「我」裏面,還有一個覺性之「我」,此即「父母未生時」就存在的「主人公」,其本體如如不動、無來無去:「擁不聚、拔不散、風吹不入、水灑不著、火燒不得、刀斫不斷」(《五燈會元》卷 16《廣昭》),「萬法歸一,生也猶如著衫。一歸何處,死也還同脫褲。生死脫著不相干,一道神光常獨露」(《如淨語錄》卷下);卻又出入作用,生起覺照:「有時呼為自己,眾生本性故;有時名為正眼,鑒諸有相故;有時號曰妙心,虛靈寂照故;有時名曰主人翁,從來負荷故;有時呼為無底缽,隨處生涯故;有時喚作沒弦琴,韻出今時故」(《真心直說》)。馬祖大師開示見性之道:

> 靈光獨耀,迥脫根塵,體露真常,不拘文字。心性無染,本自
> 圓成,但離妄緣,即如如佛。

六根雖有見聞覺知,但若心離妄緣,則當下體露真常,所謂「靈光獨耀,迥脫根塵」者即是。此說頗契合《薄伽梵歌》「於心念捨離一切業行」的真我獨存境界,蓋業行即從諸根觸塵而起,心離妄緣自然迥脫根塵,一念不生自然靈光獨耀。禪宗謂之「無念行」,六祖《壇經》云:

> 何為無念?無念法者,見一切法,不著一切法;遍一切處,不
> 著一切處,常淨自性,使六賊從門門中走出,於六塵中不離不染,
> 來去自由,即是般若三昧,自在解脫,名無念行。

唐李翱《復性書下》論「作非吾作」之義,可與《薄伽梵歌》此節參看,其文曰:

> 晝而作,夕而休者,凡人也。作乎作者,與萬物皆作;休乎休
> 者,與萬物皆休,吾則不類於凡人,晝無所作,夕無所休。作非吾
> 作也,作有物;休非吾休也,休有物。作耶休耶?二者皆離而不存。
> 予之所存者,終不亡且離矣。

凡人以作者自居,而覺者知作非吾作,但為物化,乃獨存於形骸萬物之外,故能保有其真性。「物」對應於「氣性」,氣性之所稟賦於人即是「氣稟」。把「作者」歸於「物」或「氣稟」,皆是從自然的角度來立論。按此說實出於道家,即莊子所謂「至人無我,神人無功,聖人無名」之所本。《莊子·知北遊》借舜之口說了一番道理:

> 舜問乎丞:「道可得而有乎?」曰:「汝身非汝有也,汝何得有
> 夫道!」舜曰:「吾身非吾有也,孰有之哉?」曰:「是天地之委形

也；生非汝有，是天地之委和也；性命非汝有，是天地之委順也；
子孫非汝有，是天地之委蛻也。故行不知所往，處不知所持，食不
知所味。天地之強陽氣也，又胡可得而有耶？」

身體、衣食、住行無不是天地間強陽氣的造作，非真我所得而有、所得而
為，知真者但委順於天地而已。

老子有「自然」之說，《道德經》曰：「道生之，德畜之，物形之，勢成之。
是以萬物莫不尊道而貴德，道之尊，德之貴，夫莫之命而常自然。」在道為「無
為」，在人事為「自然」。所謂「自然」就是沒有造作，既不是自己主宰，也不
是別的東西在主宰，一切都是道、德、物、勢之自然運化生成。自我、主觀意
志、主動性、頭腦之類無非都是與「自然」背道而馳的東西，因而是委化於「自
然」的障礙。

儒道皆有「無為」之說，參照《薄伽梵歌》本章的層次來剖判，不執業果
是無為的第一層，儒家謂之義，老子謂之「生而不有，為而不恃，長而不宰」；
覺悟「作非吾作」，凡所作皆為天地之順化，乃無為之第二層，道家謂之準天
地、順自然；放棄私我意志，皈順至上者，為至上者而踐履職分，乃無為之第
三層，也是最高的無為之境，儒家謂之盡孝事天，道家謂之「配神明」。

佛家認為「一切唯心造」，「作者」當然非「心」莫屬，這是純從人的角度
來立論。心學也是從這裡來講心之「神」與活動性。事實上，根據《薄伽梵歌》
所提出的更完整的說法，無上者、自然、靈魂，或說天、地、人，相須互動，
雖然都是業的參與者，卻都不是獨立的作為者，因此單提任何一方都不是圓滿
的答案。過度誇張心的作用，必然導致對天地的遮蔽和以心力等同於天地大
能，從而貪天地之功，昧天人感應，造成對天人之際的僭越。《薄伽梵歌》本
節歸「作者」於「氣稟」，似乎可以理解為是一種相對於行動瑜伽層面的「權
說」，目的在突出真我之獨立於軀殼，倒也頗契合道家的說法。

## 二十五、自成章

誠者自成也，而道自道也。誠者物之終始。不誠無物。是故君
子誠之為貴。誠者，非自成己而已也。所以成物也。成己仁也。成
物知也。性之德也，合外內之道也。故時措之宜也。

達斯按：《泰迪黎邪奧義書》第二卷「大梵阿南陀輪」之第一章第一頌云：

大梵為真為智為無極，在高天兮隱深穴，

明彼者分滿所欲，同大梵分遍明澈。

大梵為真為智為無極，梵語 satyam jnanam anantam brahma，乃是對梵性的定義。徐梵澄先生特地為這首《奧義書》的關鍵偈頌做了疏解：

> 大梵為一形而上學之真實，超尋常經驗之外，如實說其為真理，為智識，為無極者，皆可謂負極之說，原非可以語言名相表者也。雖然，可以體悟，由入無分別定證悟之，斯則能知之主體，與所知之客體，兩無分別。

> 就吾人之心思識感之經驗論之，「真實」為多且異，於理實則其後必有一統一非異之「真實」為背景，斯即自體完整者，自體決定者，由自體而得其真理者，此即大梵也。就自相說，則為「真」，「真」，有也，存在也。籠統萬事萬物，無出其外者。

真，梵語 Satyam，即誠，誠即有、存在，故曰「誠者物之終始，不誠無物」，即「由自體而得其真理者」。朱子注曰：「誠以心言，本也」。是故誠即是能知之主體，也是所知之客體，實對應於主客兩無分別之大梵，也就是道、一，所謂「誠者自誠也，而道自道也」。

> 「智」即能知此存在者，捨「存在者」別無存在。捨「有」者外為無有，而「存在」為一價值，由知覺性所決定，若無知覺，則一切價值皆泯，並此「存在」亦除。見一切相，知此是相，是知覺性上有智用存，是此智乃生有相之知覺。存在與知覺，「真」與「智」，可說為一錢幣之陰陽兩面，捨此一面，即彼一面為不可得。

「誠」為「自體完整者、自體決定者」，而「智」為知覺性在現象界所發之智用，故曰：「誠者，非自成己而已也。所以成物也。成己仁也。成物知也。」「成物」乃就智用而言，故知即 Jnanam，智也。

> 「智」非物，物僅得於時空之關係中，是知覺性之自體範限，物固有極，彼固「無極」也。「無極」原文為 anantam，故杜森謂為古「阿南陀」（anandam）「樂」之誤。實未必然。有限有極者有苦，無限無極者為「樂」也。在吠檀多後期思想，大梵即為「真、智、樂」（saccidananda）。

anantam，為樂，樂出於天人一體大愛，故為「仁」。「仁」而「成己」，乃生樂，乃入於無限無極。真、智、樂皆為大梵之性相，猶誠、知、仁皆為性德之呈露。

「深穴」即人之內心。「高天」，乃吠陀之常語。說為諸天之所居處。說者謂「高天」即非變滅未顯了之大梵，或說為內心深處之高空。即智之居，直覺大梵為當前之「自我」，方觀察其智之運用變化也。〔註41〕

大梵「隱深穴」、「在高天」，綜括心體與智用，是即所謂「性之德也，合內外之道也，故時措之宜也」。朱子注曰：」既得於己，則見於事者，以時措之，而皆得其宜也「，是即《奧義書》所謂「明彼者兮滿所欲，同大梵兮遍明澈」，梵我一如也，天人合一也。

《奧義書》中有「二梵說」，大梵既是無形無相的絕對精神本體，也是具足妙相妙形的主宰神、宇宙萬物的創造神。《尼理心呵奧義》有云：

為「主宰」，遍漫，常為熾耀，無無明，無業果，破除自我之縛，永恆不二，為「阿南陀」相，為宇宙萬物之安立處，唯「真」，盡除無明、黑暗、癡惑之我也。〔註42〕

此處大梵為主宰神、一切的創造主。他具有「阿南陀」（anandam）相，即喜樂，是宇宙萬物的安立處。他是真實（sat），代表著一切的存在。《尼理心呵奧義》還認為梵是「智」的化身，因此，梵作為主宰神，也是真、智、樂三位一體者。喜樂是說明他作為一切事物之本源的境界，真是說明它是一種客觀存在，而智是說明其屬性是精神性的。

有形之梵與無形之梵的關係，猶如形與影、水與波的關係一樣，有形之梵是創造主及其宇宙身相，而無形之梵是創造主的光，為絕對精神本體。按照牟宗三先生的說法，性與天道，一者表現為超越的（Transcendent）遙契，一者表現為內在的（Immanent）遙契。超越的遙契著重客體性（objectivity），其所遙契的天，是從情上說，為人格神，為「知我者其天乎？」、「畏天命」之「天」，相當於有形之梵；內在的遙契著重主體性，其所遙契的天，是從理上說，為形上的實體，相當於無形之梵，而又拉進人心，使之內在化為「性」，也就是「誠」，即《中庸》所謂「誠者，天之道也；誠之者，人之道也。」〔註43〕

商羯羅分別梵為「上梵」、「下梵」，推無形無屬性之梵為「上梵」，貶為有形

---

〔註41〕以上引文皆出自徐梵澄譯：《五十奧義書》，中國社會科學出版社，1995年版，第287頁。
〔註42〕徐梵澄譯：《五十奧義書》，中國社會科學出版社，1995年版，第1048頁。
〔註43〕參考牟宗三著：《中國哲學的特質》，吉林出版集團，2010年版，第41頁。

有屬性之梵為「下梵」，其實是對《奧義書》古義的曲解。同樣，宋儒受佛家空寂思想影響，只講「內在的遙契」，對「超越的遙契」完全抹殺，造成以理滅情、情理失和的學術風氣，嚴重遮滅了儒學的根基和活力。《薄伽梵歌》第12章1～7頌討論何者更佳：崇拜無上者還是禮敬大梵？其辭曰：

> 阿周那曰：巴克陀兮恒獻身以事君，另有人兮獨化乎玄冥，之二者兮於瑜伽孰為殊勝？

> 室利薄伽梵曰：心注於我，無貳敬誠，如是事我，彼最殊勝。

> 孰禮無相，沖漠冥冥，言語道斷，路絕心行，寂然不動，周遍充盈；若彼攝身，一味平等，利樂有情，亦得我臻。

> 心執冥諦，求道多厄，其術甚難，於有身者。

> 孰事奉我，誠敬篤實，專心瑜伽，觀我冥思，我將救彼，出生死海，心唯住我，無待多時。

阿周那明確要求分判奉獻之途和非人格梵覺悟之途，他問這兩者究竟何者較勝。這兩條靈性覺悟之途間的衝突是吠檀多學說的基本論題，和其他觀點一起，表現於中世紀商羯羅（Sankara）和羅摩奴闍（Ramanuja），或不二宗（Advaita）與毗濕奴宗（Vaisnava）之間的論戰當中。以神聖之人格性概念為至上的人，認為證梵是通向解脫的一個有效的靈性成就，但卻次於透過奉愛而獲得的對無上者的圓滿覺解。而另一方面，以神聖之非人格性概念為至上的人，認為對無上者的奉獻是靈修的初地，不過是為了幫助那些依然需要崇拜實體對象的人能夠逐漸證入無相、精微、遍在的非人格大梵。因為《薄伽梵歌》同時推出了這兩條路徑，又在末章強調了人格神和奉愛，所以對兩者的分判是必須的。問題很清楚，回答也很清楚：克里希那開始就說，比起執持非人格性梵理的人，那些以他為至尊者而奉獻的人，更為高超。那些透過梵理而追求靈性圓滿的人，也能成就，但他們的路更加艱難曲折，因為他們的目標難以捉摸，並且，對於受軀體拘限的人而言，非人格梵很難被概念化。克里希那強調，對於他的奉獻者，他是救他們出離生死輪迴的救主。

## 二十六、無息章

> 故至誠無息。不息則久，久則徵，徵則悠遠，悠遠則博厚，博厚則高明。博厚，所以載物也；高明，所以覆物也；悠久，所以成物也。博厚配地，高明配天，悠久無疆。如此者，不見而章，不動

而變，無為而成。天地之道，可一言而盡也。其為物不貳，則其生物不測。天地之道，博也、厚也、高也、明也、悠也、久也。今夫天，斯昭昭之多，及其無窮也，日月星辰繫焉，萬物覆焉。今夫地，一撮土之多，及其廣厚，載華嶽而不重，振河海而不洩，萬物載焉。今夫山，一卷石之多，及其廣大，草木生之，禽獸居之，寶藏興焉。今夫水，一勺之多，及其不測，黿、鼉、蛟、龍、魚、鱉生焉，貨財殖焉。詩云：「維天之命，於穆不已！」蓋曰，天之所以為天也。「於乎不顯，文王之德之純！」蓋曰，文王之所以為文也，純亦不已。

達斯按：康有為《中庸注》釋仁曰：「仁者，在天為生生之理，在人為博愛之德。惻怛舒平，氣和欲節，無有傷惡隱忌，嫉妒愁感，險諛僻違，仁之性也」；「人取仁於天而仁也」；「仁從二人，人道相偶，有吸引之意，即愛也。人具此愛力，故仁即人也。苟無此愛力，即不得為人矣。孟子曰：『仁者人也，合而言之道也』。蓋人力行仁者，即為道也。此傳子思之微言，為孔教之的髓也」（《中庸注》）。仁乃人之為人的本性，而其本源在天。故行仁即是率性，也即是奉天。

牟宗三先生認為「仁」具有兩大特質：一是覺，即心靈的感通力；二是健，即健行不息。「仁以感通為性，以潤物為用，以生為體」，感通是生命覺知力的層層擴大，擴大的過程沒有止境，必以與宇宙萬物為一體，乃至「格於神明」、「知天事天」為終極。潤物是在感通的過程中付出愛和溫暖，並且引發對方的愛和感動。「仁」是真實的生命，是遙契天道的內在的根，實為天命、天道的一個印證。如果掛空地講，沒有內在的根，天道只有高高在上，永遠不可親切近人。

儒家所謂「仁」，指的是一種與天地萬物相感通的本然覺知力，即所謂「仁者與天地萬物一體」。「仁」意味著破除「功利境界」、「道德境界」裏的自私「小我」，昇華到「天地境界」的無私「大我」，橫推則「愛人」、「愛物」，上通則「事天」、「格於神明」，故孔子以「克己復禮」為「仁」。這裡的「仁」，涵蓋了一切天人之理，故朱子論「仁」曰：

> 為仁者，所以全其心之德也。蓋心之全德，莫非天理，而亦不能不壞於人慾。故為仁者，必有以勝私欲而復於禮，則事皆天理，而本心之德復全於我矣。

巴克提所依賴的也不過是一顆純淨的心，以及對無上者的真摯情感，它是

表現為真常（sac，存在）、覺明（cit，意識）、妙樂（ananda，喜樂）之靈魂本來真性（svarupa）的自發流露，無始無終，永無止息，彌漫無極，所謂「至誠無息」、「肫肫其仁，淵淵其淵，浩浩其天」者即是。《中庸》所謂「悠久」是從性之真、健行或生生不息一面說，故能「成物」；「高明」是從性之智、覺明或感通的一面說，故能「覆物」；而「博厚」則是性之仁愛、潤物的表現，由仁愛的滋潤感動激發天地妙樂，故能「載物」。此性無異於靈魂之本來真性或梵性，亦無異於無上大梵或薄伽梵的本性，故覺悟本來真性乃可上達感通天地神明，《中庸》謂之：「博厚配地，高明配天，悠久無疆」，也就是莊子《天下篇》所說的「醇天地、配神明」。」此本來真性即天命流行之體，即至誠無息之誠體，孟子形容此本體曰：「源泉混混，不捨晝夜，盈科而後進，放乎四海。有本者如是……」；《中庸》此處引《詩經·周頌·維天之命》：「維天之命，於穆不已。於乎不顯，文王之德之純」，天之所以為天，與文王之所以為文，純亦不已，意思是文王的德性精純不雜，文王的生命力永恆不息，可以與無限深邃奧妙的天命相匹配相感通。《薄伽梵往世書》第一卷第2章第6頌云：

> 人類之至高大法就是以超越之愛事奉超越者。這樣的超越之愛
> 必須是毫無動機、永不中斷的，如此，自我才能得到徹底的滿足。

這裡，超越之愛或巴克提（bhakti）被奉為人類之至高大法（dharma），而法就有「本性」、「軌持」的意思。巴克提的屬性必須是毫無動機（ahaituki）、永不中斷（apratihata），也就是「純亦不已」、「至誠無息」。這是超越之愛的屬性，同時也是超越者的屬性，《中庸》謂之：「天地之道，可一言而盡也：其為物不貳，則其生物也不測」。

在純淨無染、奉愛不已的巴克提面前，至高本體不再透顯為平等一味、玄妙高遠的梵或超靈，而是現身為具有人格性的薄伽梵，變得「親切近人」了。從這個角度來看，儒家之仁心所遙契的天道，也蘊含了人格性的一面，而儒家所行之「仁」，乃是一種對無上者的「實踐式崇拜」。梁漱溟先生對孔子之聖心與孔子之聖行似乎有極深的體會，他說：

> 上達只在下學之中，離開下學沒有上達。孔子當時恒下學處指
> 教人，從不說向高深幽渺而待其人自己慢慢悟入。對門人至多點出
> 一句「吾道一以貫之」而止，而且苟非其人，非其時，就全然不說。
> 門人遂有「子罕言利與命與仁」和「夫子之言性與天道不可得聞」
> 的記載。但孔子本人生活殆造於「天人合一」之境，息息默默通於

天命流行之體（自云「五十而知天命」），遇有橫逆之來或疾病在身，恒有其自知自信者在，如曰「天之未喪斯文也，匡人其如予何」！如答子路請禱，則曰「丘之禱也久矣」！蓋終日乾乾惕厲，不隔於天地，何時其非禱耶？後此中土只見周孔教化流行而一般宗教更莫得而盛者，或有其淵源遠在周孔之前，而孔子以來的儒家之學如此，要為其影響最大的關鍵焉。（引自梁漱溟《人心與人生》之〈東西學術分途〉，）

所謂「上達只在下學之中，離開下學沒有上達」、「一以貫之」，應該就是「實踐式崇拜」的表現。所謂「息息默默通於天命流行之體」，即是仁心的自發流露。夫子「罕言利與命與仁」，夫子之「言性與天道不可得聞」，似乎體現了「仁」超越語言、思辨、功利的自發性和純粹性。要之，從孔子對於天的態度，透露出他對天的敬畏、皈依、冥思、專注，這些方面，跟巴克提的境界極為近似。並且，孔子與天的關係是特殊的、密切的，因而必然是涵攝了人格性的。

孔子自稱上承堯、舜、禹、湯、文、武、周公之道，其道則備載於詩書。根據近來考古學、文字學方面的成就，學者已確認《尚書》為西周的作品。從《尚書》的義理脈絡來看，華夏道術確實具有強烈的「巴克提」氣息，例如《堯典》謂堯「欽明文思安安，允恭克讓，光被四表，格於上下，克明俊德，以親九族」，分明就是「與天地萬物為一」的聖人境界；《皋陶謨》禹曰：「俀志以昭受上帝，天其申命用休」，體現出強烈的受命於天的皈依精神。

《中庸》對「天地之道」的闡說，實與吠檀多之「不一不異」（bhedabheda vada）古論相契合。據吠檀多哲學，宇宙最高實體，始為未顯示之大梵，先於天地萬物，猶易之「太極」。當其欲顯示自身時，便分化出能力，梵文稱 shakti，也即是華夏義理之所謂「氣」。此時一味遍在之大梵亦內在化為獨一之超靈、宇宙大我，能力受宇宙大我之主宰操縱，為宇宙大我之流行顯化，故宇宙大我也稱為 shaktiman，意思是有能者。有能者與能力本為一體不可分，而又分而為二，猶如太陽與陽光之關係，太陽以陽光乃遍照，而陽光亦緣太陽而生起，然陽光與太陽又實為一體而不可分者。《吠檀多經》云：

Shakti-shaktimatayor abhedah

有能者與其能力不二。

又《白淨識奧義書》4.1 曰：

彼亦本無形，多方以能力，如其秘密用，賦予眾形色，

萬物為始終，終於彼消逝。惟願彼真宰，賜我以明智。

吠檀多所謂有能者與能力，相當於華夏義理中體與用、乾與坤、無與有、理與氣、主宰與流行之關係，體現為從體起用，攝用歸體，體用一源的體用圓融特徵。有能者與能力原本同出大梵或太一之體，一旦太一「虛己」，有能者乃入於「無」位，由此流衍出能力，也即是「有」，用西方哲學的術語來說，即是存在自身與存在物分開，如是存在進入一無任何規定性之「非存在」或曰「無」的位置。此即老子所謂：

無名天地之始，有名萬物之母。故常無，欲以觀其妙；常有，欲以觀其徼。此兩者，同出而異名，同謂之玄。玄之又玄，眾妙之門。

有物混成，先天地生。寂兮寥兮，獨立而不改，周行而不殆，可以為天下母。

莊子《天下篇》綜括老子之學說云：「主之以太一，建之以常無有」。一切太一所生，一切太一所攝，一切無非太一。太一行於常、無、有三位，常位融攝有無，為中庸之建中境。由建中而立皇極，乃上達太一，《中庸》所謂「發育萬物，峻極於天」。是故太一兼該道德、體用。《道教義樞·道德義》云：「道德一體而具二義，一而不二，二而不一」，可見太一的體用變化，既超越又內在，實與大梵「不一不異」之理一脈相通。郭店楚簡《道德經》後附有軼文《太一生水》一篇，其中有對太一的頌讚：

是故太一藏於水，行於時。周而又〔始，以己為〕萬物母；一缺一盈，以己為萬物經。此天之所不能殺，地之所不能埋，陰陽之所不能成。君子知此之謂〔聖人〕。

太一是獨一的，是「萬物母」；太一是內在的，是「萬物經」；太一又是超越的，故天不能殺，地不能埋，陰陽不能成。唯其既超越又內在，故「獨立而不改，周行而不殆」，《中庸》謂之「不見而章，不動而變，無為而成」，「周行」故「不見而章」，「獨立」故「不動而變」，「無為」故「不殆」、「不改」。蓋誠者，天之道也。《薄伽梵歌》第九章4～10頌闡說對無上者的洞見，其辭曰：

為物窈冥兮，我周行而不殆；萬有在我兮，我獨立而不改。

我生萬物而不有兮，玄通廣大爾其識乎！彌綸天地而不改兮，我獨立以為天下母！

若飄風遍吹，未嘗出天穹，萬有寓於我，不離與此同。

貢蒂之子！萬有歸於我一氣分，劫波將盡；然則我其復生萬有分，於劫初始。

萬物出入乎我一氣分，屢變易而不窮；天地順化於我一氣分，莫之命而自然。

檀南遮耶！我為無為而不受繫縛，守虛靜以淡泊。

氣唯我命以形萬物，是故天地生生而不窮。

無上者既內在又超越；因為內在，他近在咫尺；他以無形之身周流遍在，透過他所監控的物質自性的力量，他不但攝持，而且操縱一切有情眾生。天地被收攝在他之內，猶如風被收納於天空，但與此同時，一切受造之物並未直接息止於他之上，而是無可奈何地受到自然的操控。無論如何，他保有顯豁而獨立的存在；僅僅卓立於他的本性之上，對一切陰陽氣性（guna，德）之卜的作為超脫而無所執著，他無法接近，以其幻力隱身於世界背後。如此看來，塵世直接受物質自性宰治，間接地受無上者掌控。這些重要的神學論述指出了神性本體豐富而微妙的內涵，與老子所形容的太一可謂妙契無間。

## 二十七、大哉章

大哉聖人之道！洋洋乎！發育萬物，峻極於天。優優大哉！禮儀三百，威儀三千。待其人而後行。故曰苟不至德，至道不凝焉。故君子尊德性而道問學，致廣大而盡精微，極高明而道中庸。溫故而知新，敦厚以崇禮。是故居上不驕，為下不倍。國有道，其言足以興；國無道，其默足以容。詩曰：「既明且哲，以保其身」。其此之謂與！

達斯按：「發育萬物，峻極於天」言道德之中和、高明；「禮儀三百威儀三千」言知能之精微、廣大。《易傳》謂之「和順於道德而理於義，窮理盡性以至於命」。第一句是「道中庸」、「致廣大」、乃格物致知之下學一邊；第二句是「盡精微」、「極高明」，乃盡心知性知天之上達一邊。「尊德性而道問學，致廣大而盡精微，極高明而道中庸」，即前引梁漱溟先生所說「上達只在下學之中，離開下學沒有上達」之「實踐式崇拜」，也就是既超越又內在的天人「兩行」之途。前章明本體，此章論工夫，正是既超越又內在的本體論，產生了這種既超越又內在的工夫論。天人之間，一以貫之，天道不離人倫，知事人而後知事

天，故曰「苟不至德，至道不凝焉」。然就入手工夫而言，則知行分頭並進，所謂「溫故而知新，敦厚以崇禮」，涵泳乎其所已知，敦篤乎其所已能，如此日久功深，自可知行貫通，於存心上不以一毫私意自蔽，於行事上不以一毫私欲自累。我執盡去，打破二見，故可上可下，可言可默，子曰：「君子之於天下也，無適也，無莫也，義之與比」。

《薄伽梵歌》第十八章45～56頌對業的哲學進行了一番總結，其辭曰：

　　各盡己分，人皆入聖，如何成就，爾其諦聽。

　　孰彌六合，為天下母？盡孝事彼，君子成務。

　　行義有失，勝於代庖，守分盡忠，永無惡報。

　　貢蒂之子！職分天賦，有疵無棄，動必有過，煙為火蔽。

　　心無所執，克己沖澹，如是捨離，無為圓滿。

　　彼乃成就，獲無上智，入乎梵性，絕俗超世，略說其人，爾有所識。

　　明覺淨心，克己堅貞，無著根塵，不起愛憎。

　　身居幽寂，寡欲少食，恒處禪定，身語意密，不執能捨，遺世獨立。

　　滌除我慢，威能驕矜，遠乎嗔怒，玩好貪淫，離於我所，澹泊清靜，人而如是，梵道堪成。

　　覺悟梵道，歡喜悅逸，無悔無求，眾生等齊，如是皈依，入巴克提。

　　覺我之道，唯巴克提，孰證天理，必我來依。

　　雖作諸業，常住於我，我賜彼土，永在不滅。

很明顯，巴克提並不意味著捨棄倫常、出離世間，而是在盡職守分中體現對梵的證悟、對宇宙大我的奉獻。世間禮法不但不可忽視，反而構成了自我覺悟的階梯。轉變和昇華的關鍵在於從不執、克己而來的內心捨離，這也正是君子致誠之道。「人而如是，梵道堪成」云云，幾乎就是對「苟不至德，至道不凝」的正面闡說。「雖作諸業，常住於我」，概括出既內在又超越的天人「兩行」或「實踐式的崇拜」。覺悟大梵，平等持心，標誌著巴克提或仁道已經進入了精熟的境界。「我賜彼土，永在不滅」，無異於「博厚配地，高明配天，悠久無疆」。如是，《薄伽梵歌》將入世與出世、形下與形上、人事與天道、禮法與自然皆打成一片，從而呈現出一種「致廣大而盡精微，極高明而道中庸」的通天

地人為一的生命境界，此即在作為「整體大全」的至上者或太一層面尋求世出世圓融通貫的「巴克提」或奉獻服務所代表的境界，也就是中庸的境界。

## 二十八、自用章

> 子曰：「愚而好自用，賤而好自專。生乎今之世，反古之道。如此者災及其身者也。」非天子不議禮，不制度，不考文。今天下，車同軌，書同文，行同倫。雖有其位，苟無其德，不敢作禮樂焉。雖有其德，苟無其位，亦不敢作禮樂焉。子曰：「吾說夏禮，杞不足徵也；吾學殷禮，有宋存焉；吾學周禮，今用之，吾從周。」

**達斯按**：此章為「誠」之具體運用與落實。禮樂雖為三代古道，亦須出之以「誠」，所謂「誠者，非自成己而已也。所以成物也。成己仁也。成物知也。性之德也，合外內之道也。故時措之宜也」。愚昧卻喜歡自以為是，為不知；卑賤卻喜歡獨斷專行，為不仁。不知則不能成物，不仁則未能成己。德合內外兼仁知，成己成物，故不誠者雖有其位，苟無其德，也不具備制定禮樂制度文書的資格。若憑藉權勢地位，為了追逐名利而強反古道，外表模仿古聖的禮樂制度文書，而內心全無古聖之誠與知與仁，必定災及其身，是為「愚而好自用」。反之，誠者雖有其德，因為不在其位，故不謀其政，亦不敢制作禮樂制度文書。若自恃有德，驕慢生而我見起，則難免逾越本分職守，落入「賤而好自專」的意必固我之境。是故誠者從容中道，既明且哲，「居上不驕，為下不倍。國有道，其言足以興；國無道，其默足以容」。孔子從周，述而不作，不失為明於進退之君子。

《薄伽梵歌》反覆強調堅守賦定職分，也就是「法」的重要性。比如第三章之 35 頌：「盡己分縱有差失，遠勝於成就他職，守禮義雖死不辭，逾名分何其不吉！」。以及前引第十八章之：「各盡己分，人皆入聖」，「行義有失，勝於代庖，守分盡忠，永無惡報。」當《薄伽梵歌》終結之際，克里希那邀請阿周那接受他的恩慈，由是超越諸氣性，破除一切解脫之途上的險阻。克里希那道破了皈依他的障礙，那就是我慢，是它阻礙了阿周那接受這個建議。如此說過以後，克里希那指出，阿周那的天性將會驅使他去戰鬥；前面講到過，業行被強加於軀體化的靈魂之上，這些業行源自人的天性。阿周那將被迫行動，因為他稟賦武士的天性，這天性將驅使他去戰鬥，而不是去施教、墾殖或服務。故此，克里希那的論說是，為了他的緣故而去戰鬥更殊勝，由此將獲得他的恩慈，

臻達解脫以至無上彼岸，但若出於我慢而忽視了聽從他的建議，阿周那將發現自己得為其他讓人陷入生死輪迴的原因而戰鬥。

　　真正的聖者，一個人獨自在錯綜複雜的日常人際關係脈絡中從事艱苦的自我修煉，視之為天道的實現和對天地神明的奉獻，從而能夠與天地精神相往來與天地萬物相感應，創造性地轉化現存世界，並形成一種終極的存在秩序，其力量可以穿透一切，足以彰顯人類精神與文明遺產所具有的規定性特徵。由此而言，孔子表面雖未制作，而其內在至誠之精神，影響天下後世，足以「經綸天下之大經、立天下之大本、知天地之化育」。

## 二十九、三重章

　　　　王天下有三重焉，其寡過矣乎！上焉者雖善無徵，無徵不信，不信民弗從；下焉者雖善不尊，不尊不信，不信民弗從。故君子之道，本諸身，征諸庶民。考諸三王而不繆，建諸天地而不悖，質諸鬼神而無疑，百世以俟聖人而不惑。質諸鬼神而無疑，知天也；百世以俟聖人而不惑，知人也。是故君子動而世為天下道，行而世為天下法，言而世為天下則。遠之，則有望；近之，則不厭。詩曰：「在彼無惡，在此無射；庶幾夙夜，以永終譽。」君子未有不如此，而蚤有譽於天下者也。

　　**達斯按**：三重，謂議禮、制度、考文，其範圍皆不出君子之道，而必待王者在位以行之。郭店竹簡有《五行》篇，據考為子思氏之遺書，原本 28 章。陳來先生分之為經、解兩部分，前 14 章為經，後 14 章為解，皆子思子之所作也。下解中有對所謂「君子道」的論說，其文曰：

　　　　未嘗聞君子道，謂之不聰；未嘗見賢人，謂之不明。聞君子道而不知其君子道也，謂之不聖；見賢人而不知其有德也，謂之不智。

　　　　見而知之，智也；聞而知之，聖也。明明，智也；赫赫，聖也。「明明在下，赫赫在上」，此之謂也。

　　　　聞君子道，聰也；聞而知之，聖也。聖人知天道也，知而行之，義也；行之而時，德也。見賢人，明也；見而知之，智也。知而安之，仁也；安而敬之，禮也。

　　　　聖知，禮樂之所由生也。五行之所和也。和則樂，樂則有德，有德則邦家興。文王之示也如此，「文王在上，於昭于天」，此之謂

也。〔註44〕

聞君子道，聞而知之，聖也；而聖人知天道，可見君子道實際就是天道。但君子知之而後用以行仁行義行禮行智，故天道的內容和聞天道的結果是引向各種德行的實踐。這樣的天道，是極高明而道中庸的，它既是天之道，但又體現在人的道德實踐和精神境界。這樣，天道和人道已經被貫通、聯結起來了，人道已經被蘊涵在天道裏。

由聰明而達於聖智，由聖智而知天知人，由知天知人而制作禮樂制度文章，從而達到五行的和諧。和則樂，樂則有德，有德則邦家興。凡此皆與文王之德性行事相吻合。同為子思之作，《五行》篇的思想發展到《中庸》，便有了「故君子之道，本諸身，征諸庶民。考諸三王而不繆，建諸天地而不悖，質諸鬼神而無疑，百世以俟聖人而不惑。質諸鬼神而無疑，知天也；百世以俟聖人而不惑，知人也。」馬王堆帛書《五行》篇中提到「聖之思」，其文曰：

> 聖之思也輕。思也者思天也，輕者尚矣。輕則形，形者形其所思也，酉（柳）下子輕思於翟，路人如斬，酉（柳）下子見其如斬也。路人如流，言其思之形也。形則不忘，不忘者不忘其所（思）也，聖之結於心也者也。不忘則聰，聰則聖之藏於耳者也，猶孔子之聞輕者之鼓而得夏之盧也。聰則聞君子道，道者天道也，聞君子道之志耳而知之也。則君子道則（缺七字）而美者也，聖者聞志耳而知其所以為物者也。玉音則（缺十二字）聖。

「聖之思也輕」，「輕者尚（上）矣」，是說聖人在極深的冥思中，心體澄明通透，故能憑藉純粹精神之力量（atma-shakti），徹底脫離小我之拘制，上與天道相接。「思」的結果是，天道在內心呈露（思則形）。而聖人猶持續結念不忘，久之乃與天通，聽聞到來自上天的啟示。為了說明「輕思」和「聖聰」的奇妙力量，文中舉了柳下惠斷案如神，孔子聞聲而得夏鼓的例子。帛書《五行》言聖者聞而知天命：「見而知之，智也。聞而知之，聖也。明明，智也。赫赫，聖也。『明明在下，赫赫在上』，此之謂也」。「明明在下，赫赫在上」，指無處不在的天命、天道。吠陀經之天啟部分被稱為 Sruti，意思是所聞，即聖者於三昧中之所聞，可以與《五行》篇之聖者聞而知之相參證。

「思天」，表明對「天」產生了思慕愛著之情。馬王堆帛書《五行》云：「和謂之德，其要謂之一，其愛謂之天，……」愛即思慕。言入聖者其德中和，

---

〔註44〕參考陳來著：《竹簡〈五行〉篇講稿》，三聯書店，第 140 頁。

其道歸一，其愛超越，思天也。」《論語》的隻言片語裏透露出，孔子常處於
這種結念「思天」的聖人之境：

> 子疾病，子路請禱。子曰：「有諸？」子路對曰：「有之。《誄》
> 曰：『禱爾於上下神祇。』」子曰：「丘之禱久矣。」

《論語注疏》曰：「孔子素行合於神明，故曰『丘之禱久矣』也」，其實孔
子亦非刻意要合神明，只是「不忘其所思」，念念不離天道，而天道裏自有「上
下神祇」，所以才有這樣的說法。由思慕而至於見道，遂出之以頌讚祈禱，《論
語》載孔子之言：「天何言哉！四時行焉，百物生焉，天何言哉！」，這是對「天」
的讚美之辭。《詩·蒸民》曰：「天生蒸民，有物有則」，昔孔子讀詩至此而贊
之曰：「為此詩者，其知道乎！」，可見是對天道的贊辭。又如《詩·皇矣》曰：
「皇矣上帝，臨下有赫。監觀四方，求民之莫」，莫，定也，使民安定，也是
對上帝之德的頌讚。《詩·天作》曰：「成王不敢康，夙夜基命宥密」，言成王
於天命，夙夜凝思，宏深而靜密。按此句猶能表現出「思天」的境界。《詩》
《書》於聖人受命於天可謂一以貫之。《尚書·召誥》曰：

> 今天其命哲，命吉凶，命歷年……王其德之用，祈天永命。

《詩·文王》曰：

> 文王在上，於昭于天。周雖舊邦，其命維新。有周不顯，帝命
> 不時。文王陟降，在帝左右……

《詩·皇矣》且以「帝」之口吻，述文王受命之事：

> 帝謂文王，無然畔援，無然歆羨，誕先登于岸……
> 帝謂文王，予懷明德，不大聲以色，不長夏以革。不識不知，
> 順帝之則……

聖王之受命，不但顯於吉凶平治之外王一面，而且也從「天」那裡領受智
慧，分有美德。因此聖王對「天」始終抱持著誠敬順服之心。如是通過思慕、
贊禱、結念、皈依、受命、奉獻與至上者感應溝通，無疑已經進入了巴克提的
範圍。郭店楚簡《性自命出》篇提出：「性自命出，命自天降，情生於性，道
始於情」，實際已經為天人間的超越之愛或巴克提建立了形而上根基。此說可
謂下啟《中庸》之性命天道觀。

竹簡《五行》所說之五行，為仁義禮智聖。刑文博士在對帛書《周易》的
研究中，指出帛書《周易》有兩系「五行」說。其一即金木水火土，其二為天

地人神時〔註45〕。如其中之《二三子》篇云：

> 聖人之立政也，必尊天而敬眾，理順五行——天地無困，民神
> 不滲，甘露時雨聚降，飄風苦雨不至，民心相錫以壽；故曰「蕃庶」。

這段話裏的五行，明顯不是第一系「五行」說，而是第二系「五行」說。天地人神時互通感應，聖人之要務就在理順五行。《二三子》篇曰：「德與天道始，必順五行。」聖人之德，始於感應天道，進而體現在對天地人神時的順從。這讓我們回到了《薄伽梵歌》的「五諦」說：Isvara、Jiva、Prakrti、Kala、Karma，這五者及其關係構成了絕對真理或曰「道」的整體。Isvara 對應於天（諸神伴隨而生）、Jiva 對應於人、Prakrti 對應於地、Kala 對應於時。《周易》常以「時行」並稱，這個「行」就是 karma，即業。例如《文言》：「坤道其順乎？承天而時行」，「終日乾乾，與時偕行」；《損》：「損益盈虛，與時偕行」，《損》：「大亨貞无咎，而天下隨時。隨時之義大矣哉」。《莊子》《黃帝四經》都反覆講到這兩個概念。李光地《周易折衷》說「消息盈虛之謂時」，把「時」納入天道觀的範圍。由此看來，帛書《周易》的天地人神時「五行」就是《薄伽梵歌》的「五諦」。天地人神時「五行」應該屬於天道之「五行」，而金木水火土則屬於地道之「五行」。

在帛書《周易》兩系「五行」說之外，邢文以為還有思、孟學派的兩系「五行」說，其其一即天地人神時，其二為仁、義、禮、智、聖。從道的天地人三重維度來看，仁、義、禮、智、聖應該屬於人道之「五行」。仁是從人的情感即 feeling 層面講；義是從人的意志即 willing 層面講；禮者履也，是從人的行為即 action 層面講；智是從人的思維即 thinging 層面來講；聖是從屬天的本我覺性（consciousness）層面來講，此屬天之本我覺性映照呈露於情感、意志、思維、行為，乃生起仁義禮智。孟子曰：「君子所性，仁義禮智根於心，其生色也，睟然見於面，盎於背，施於四體，四體不言而喻」，此心發自本我覺性，盡心知性則聖者氣象自然流露於外，《中庸》所謂「遠之，則有望；近之，則不厭。」竹簡《五行》在對仁義禮的解釋中也引入了「氣」的概念，有「仁氣」、「義氣」、「禮氣」的說法：

> 「不變不悅」。變也者，勉也，仁氣也。
> 「不直不肆」。肆也者，直其中也，義氣也。
> 「不遠不敬」。遠心者，禮氣也。

---

〔註45〕 參考邢文著：《帛書周易研究》，人民出版社，1998 年版，第 184 頁。

這說明《五行》篇對德行的理解，不是僅僅將之理解為現實化了的行為，而是用氣來表達行為之前的心理狀態和活動。這種對心理和精神活動的精微認知，顯然需要一套高深的身心修煉體系的支持。原始儒家確實也有一套類似瑜伽禪定的修心工夫。《大學》之「止定靜安慮得」固然與瑜伽的禪定路子接近，並且《荀子‧解蔽》篇還有一段相關的記載：

> 空石之中有人焉，其名曰〔角及〕。其為人也，善射以好思。耳目之欲接，則敗其思；蚊虻之聲聞，則挫其精。是以閉耳目之欲，而遠蚊虻之聲，閒居靜思則通。思仁若是，可謂微乎？孟子惡敗而出妻，可謂能自強矣。有子惡臥而焠掌，可謂能自忍矣，未及好也。閉耳目之欲，而遠蚊虻之聲，可謂能自危矣，未可謂微也。夫微者至人也。至人也，何強！何忍！何危！故濁明外景，清明內景。聖人縱其欲，兼其情，而制焉者理矣；夫何強！何忍！何危！故仁者之行道也，無為也；聖人之行道也，無強也。仁者之思也恭，聖人之思也樂。此治心之道也。

荀子將這位「空石中人」與孟子、有子並舉，故學者梁濤認為這位神秘的大師級儒者即是子思，而〔角及〕可能就是「伋」的訛寫[註46]。最重要的是，帛書《五行》出土後，裏面正好有「仁之思也精」的說法，與荀子所說的「思仁若是」吻合，而《五行》已經確認是子思一派的作品。雖然荀子這段記載不無諷刺誇張之意，但卻讓我們對孔門「思仁」一道有了形象的瞭解。荀子描述的這位儒門大師「閒居靜思」，避俗冥思，到了如此精微幽眇的境界，以至不能容忍「蚊虻之聲」。顯然這不是一般的思慮之「思」，而是進入了高度專注的禪定狀態。「思天」為知天層面，「思仁」為知性層面。竹簡《五行》謂見而知之為智，是知流行於萬物的天道；聞而知之為聖，是知內在於人性的天命。人性與天命，通過聖人之仁，融通為一，董仲舒《春秋繁露‧王道通》云：「仁之美者在於天……察於天之意，無窮極之仁也，人之受命於天也，取仁於天而仁也。」此「仁」往來流通於天人之際，頗近於《薄伽梵歌》所闡說的巴克提。

荀子對子思一派的神秘主義並無深切的瞭解，故以兼顧欲情、制禮化性的理性主義思路來批判子思高遠精微的聖道心法，卻不知聖門確有向上一路，非思維究理所能盡。戰國以後儒門荀學坐大，西漢儒生大多出其門下，故思孟心

〔註46〕參考梁濤著：《郭店楚簡與思孟學派》，中國人民大學出版社 2008 年版，第 230 頁。

性之學不傳，直至宋明道學家，吸收了釋道的行氣坐禪，才重啟秘法。但畢竟已非世系真傳，所以穿鑿刻削之處難免，而華夏聖道之真面目，亦終於不復為人所知。

在佛家體系裏，淨土一宗的修法獨與巴克提相通。跟淨土的念佛法門一樣，巴克提瑜伽也是通過時刻持名念誦，一心觀想憶念薄伽梵的居處，以及薄伽梵的名號、身相、功德、遊戲，以求與神心相應，死後往生不死樂土、靈魂故鄉；修行者所憑藉的，也是來自他力的慈悲接引，以及修行者自身的誠敬、信心和願力。在佛法中，淨土一法被認為是最方便、快速、穩當，三根普被、利鈍全收的總持法門，印光法師謂其「乃律、教、禪、密諸宗之歸宿，人、天、凡、聖成佛之捷徑」；而在《薄伽梵歌》的諸多瑜伽體系裏，巴克提瑜伽顯然也具有同樣的特質和地位，雖然兩者有時都被無知者錯誤地認為是愚夫愚婦之修法。純粹巴克提之下的持戒、致知、捨離、觀修諸層面，似乎分別對應於律、教、禪、密的修法及其原則。

淨土法門要求修行者念佛當懷報恩之心，報答佛恩、師恩、父母恩、眾生恩，又念佛須如子憶母，心懷仁恕，這些無疑都具有巴克提的特徵。不同的是，按照佛教的理論，無論佛、師、父母、眾生，或者西方淨土、極樂世界，皆為緣生，終由緣滅，終究歸於空性，所以，巴克提在此只是一種修煉成佛的手段，而非究極的歸趣。但在巴克提瑜伽裏，巴克提本身即是手段，也是目的，對神的愛已經超越了對出世解脫的追求，純粹不息的神愛本身已經讓靈魂在當下的妙明極樂中得到了完全徹底的實現和滿足，是為 Jivan-mukti，即身解脫。受到神愛澆灌的靈魂受到滋養，自然會將愛傳遞給他人以至世界，猶如根部得到澆灌的樹，自會把水分輸送給枝枝葉葉。超越之愛不落俗諦，不從緣起，愛不能成為手段，愛的原則至高無上，或許，這就是人格性與非人格性相區別的根本所在，也是淨土之所以不可能成為靈魂故鄉的根本原因。反觀儒家，《中庸》「居易以俟命」，孔子「發憤忘食，樂以忘憂，不知老之將至云爾」、「默而識之，學而不厭，誨人不倦，何有於我哉？」，倒是頗有巴克提瑜伽即身解脫的境界。

天道「五行」說可以溯源到《尚書·甘誓》之「有扈氏威侮五行」。《國語·周語下》云：

> 度於天而順於時動，和於民神而儀於物則，故高朗令終，顯融
> 昭明，命姓受氏，而附以令名。

立論方式與前引《二三子》篇相同，即由天道「五行」引出天人互益。反之，若背離「五行」，即《甘誓》之「威侮五行」，將受到天地神人的隔絕厭憎，《國語‧周語下》云：

> 上不像天，而下不儀地，中不和民，而方不順時，不共神祇，而蔑棄五則，是以人夷其宗廟，而火焚其彝器，子孫為隸，下夷於民。

天地人神時，一體相生，圓融互攝。這是判教的標準，也是君子之道的宗旨、華夏文明的最高原則。不但儒家繼承，道家也遵奉。莊子推許老子為「古之博大真人」，即道統中人。老子有言曰：

> 故道大、天大、地大、人亦大。域中有大，而人居其一焉。人法地，地法天，天法道，道法自然。

此段闡釋道體極精闢，與吠檀多之「不一不異」說尤為契合。天地人即道，道即天地人，此為域中一體之大；人法地，地法天，天法道，道統天地人，并然有序，不容籠統顢頇，此為一體之異。自然者，無外也，故不動而功，無為而成。

孔子之後，子思孟子繼之。春秋以降，金木水火土之地道「五行」說大顯於世，而天地人神時之天道「五行」說與仁義禮智聖之人道「五行」說，卻幾瀕廢絕。僅在流傳於南方楚地的部分儒家文獻與黃老派道家之著作中猶隱約可見。後來儒家如荀子一輩，無見於天道聖智，但勉力於人道之偽而已。故荀子非詆思、孟之「五行」說：

> 略法先王而不知其統，猶然而材劇志大，聞見雜博。案往舊造說，謂之五行，甚僻違而無類，幽隱而無說，閉約而無解。案飾其辭，而祇敬之，曰：此真先君子之言也。子思唱之，孟軻和之。世俗之溝猶瞀儒、嚾嚾然不知其所非也，遂受而傳之，以為仲尼、子游為茲厚於後世，是則子思、孟軻之罪也。

總之是將天道聖智之玄遠高明，一概斥之為「僻違」、「幽隱」、「閉約」。獨西漢董仲舒深於《春秋》，尤能發揚古義，《春秋繁露》之《天地陰陽》篇論天地人有曰：

> 天地人，萬物之本也。天生之，地養之，人成之。天生之以孝悌，地養之以衣食，人成之以禮樂。三者相為手足，合以成體，不可一無也。無孝悌則亡其所以生，無衣食則亡其所以養，無禮樂則

亡其所以成也。

所謂「合以成體，不可一無」，於天地人一體相生之義，亦頗有發明。然仲舒之學特重地道之「五行」與祥瑞災異，卻無所見於性命之精微高明。其所謂天，缺乏純粹的精神超越性，而多被賦予道德、讖緯之內容。是以漢末佛學、玄學乘虛而入，競相填補這一片心靈虛空。宋明理學雖再續道統，重申性命，卻被印度吠陀傳統之「異端」——佛教所改造，實際不但沒有深入仲尼堂奧，反而深陷佛理化的「天人合一」還原論，天地人神時「五行」都被攝於「心」或心物所共具之抽象「無生命無造作」之「理」。自此華夏文明地天相絕，人神異路，走入暴君狂儒統治的黑暗時代，最後終於根斷葉落、花果飄零。兩千年前的《國語・周語下》早已對悖逆天地人神時之舉發出警告：

> 度之天神，則非祥也。比之地物，則非義也。類之民則，則非仁也。方之時動，則非順也。上非天刑，下非民則，方非時而作之者，必不節矣。

## 三十、祖述章

> 仲尼祖述堯舜，憲章文武。上律天時，下襲水土。辟如天地之無不持載，無不覆幬。辟如四時之錯行，如日月之代明。萬物並育而不相害。道並行而不相悖。小德川流；大德敦化。此天地之所以為大也。

**達斯按**：本章講到君子之道的授受傳承。此道絕非源出人為之構思發明，而是取法於天地陰陽、傳承自上古明王聖人。據竹簡《五行》，道之傳承、禮樂之所生皆賴於聖智，聖智來自聰明，而聰明來自聞見：

> 未嘗聞君子道，謂之不聰；未嘗見賢人，謂之不明。聞君子道而不知其君子道也，謂之不聖；見賢人而不知其有德也，謂之不智。

聞是聞於君子，見是見到賢人。得道的關鍵在於求道者是否能辨識其所見所聞及見聞的對象，甚至聽聞的態度也取決於修道者的層次：

> 聞道而悅者，好仁者也；聞道而畏者，好義者也；聞道而恭者，好禮者也；聞道而樂者，好德者也。

道的傳承需要人與人之間心的交流和接納，絕非機械的灌輸或單純理性的知解。《薄伽梵歌》同樣強調了師承和師徒關係對傳授智慧的重要性，第四章34～35頌云：

親明師以聞道，勤服侍而好問；授皈依以傳法，彼目擊乎道存。

般度之子！爾既得法，迷癡不再，如是得見眾生，咸在我而無外。

面對生死、世出世這類終極性問題時，經驗、情感、理性、律法、道德等等被視為天經地義的指導原則統統變得蒼白錯亂、全無價值。人類似乎根本沒有能力獨立解決這樣的問題，因為人類的認識能力具有種種與生俱來的缺陷和限制，無法把握事物的整體和實相。吠陀經典認為，人的感官認知能力有限，易於犯錯誤，有欺騙也有被騙的可能，而最大的陷阱是幻妄，梵文稱為 Maya，即以假為真，以無為有，猶如渴鹿看到沙漠陽焰，誤以為水，狂奔追逐，以至於死。人類用以思考的語言和概念因此也充滿了缺陷和侷限。《泰迪黎耶奧義書》有言：

那就是梵，如果意識和語言去探尋它，必定無功而返。

梵是宇宙人心的真諦，而為意識和語言所無法瞭解。《莊子·天地》講了一則寓言：黃帝在赤水的北岸遊玩，登上崑崙山巔向南觀望，不久返回而失落玄珠。派才智超群的智去尋找未能找到，派善於明察的離朱去尋找未能找到，派善於聞聲辯言的喫詬去尋找也未能找到。於是讓無智、無視、無聞的象罔去尋找，而象罔找回了玄珠。黃帝說：「奇怪啊！象罔方才能夠找到嗎？」玄珠比喻天道，智辯明察成了得道的障礙，只有去知去識，才能與道相應。故事的立意與《奧義書》之說如出一轍，也就是後來禪宗所謂的「言語道斷，心行處滅。」

宋明理學有德性之知與見聞之知的區分，分別名之以良知和意識。良知是形上心體的直覺觀照狀態，超越一切經驗世界之能所、分別的二元對待，故能達到對終極存有的整全把握。經驗意識是後天感應外物時形成的分別認識，是託緣仗境而成的妄識，屬於思維比量，故須「絕意去識」方能體證本心之現量境。陽明弟子王龍溪曾作《意識解》，區分德性之知與見聞之知：

直心以動，自見天則，德性之知也。泥於意識，始乖始離。夫心本寂然，意則其應感之跡；知本渾然，識則其分別之影。萬欲起於意，萬緣生於識。意勝則心劣，識顯則知隱。故聖學之要，莫先於絕意去識。

正見乃得道之本。關於認知的有效性，吠陀義理中的量論有專門的討論。量，梵文為 pramana，其字面意思是「用來衡量某事物的那個」，通常譯為「證據」或「知識的來源」，作為判斷活動，「量」取決於判斷者把什麼證據接受為

是真實的。量有三種：一現量，梵文 pratyaksa，即從感性知覺產生的直觀經驗；二比量，梵文 anumana，即邏輯的推理、類比或類推；三比較量，梵文 upamana，即從已知推未知的歷史類比方法；四聖言量，梵文 sabda，即超越感性經驗和意識思維的權威性言論，指吠陀經典和聖賢所說，前者來自天啟，後者源於三昧，皆賴「無限智心」（牟宗三語）而得成立，也稱為神聖現量。在吠陀文化裏，sabda 被視為獲得「絕無錯誤的知識」的最可靠途徑，因此吠陀傳統特重聽聞。老子說：「不出戶，知天下；不窺牖，見天道，其出彌遠，其知彌少」，又說：「為學日益，為道日損」、「絕學無憂」、「智慧出，有大偽」，表現出對重經驗的現量和重名言的比量之揚棄。老子言道，每云「恍兮惚兮，窈兮冥兮」，而「其中有精，其精甚真，其中有信」，當是以三昧現量為證驗。又好稱引古之聖人，有「執古之道」、「建言有之」一類的說法，則亦採取聖言量。至於儒家，則尤重尊經與道統，孔子「憲章文武，祖述堯舜」，立教皆本於六經，故「信而好古」、「述而不作」，顯然也是以聖言量作為最究竟的學問依據。竹簡《五行》篇乃謂：「聞君子道，聰也；聞而知之，聖也，聖人知天道也。」

阿周那不能依靠前三量解決疑惑，故選擇了聖言量。他皈依薄伽梵克里希那，自願成為弟子。這種師徒相承，面授真理的體系，稱為師承世系（parampara）。《唱贊奧義書》（6.14.2）云：

　　有師者乃得知天。

《蒙查羯奧義書》（1.2.12）有偈曰：

　　梵學人諦觀，修業所得界，必不動其意。彼非創造成，必非由
　業致。故當往尋師，多聞敬梵者，捧薪求教義。

這裡的「彼」就是梵。梵非業力創造而生，故亦非修業力所能證致，唯覺悟之明師可以授受。吠陀古禮，弟子捧柴薪拜師，以示謙卑奉獻。

在《薄伽梵歌》第四章開頭，克里希那講到，他將這門不朽的瑜伽傳授給太陽神維筏斯萬，維筏斯萬傳於人祖摩奴，摩奴又傳於伊剎華古。這至高無上的知識便如此通過師承世系流傳下來，那些聖王們也是以這種方式接受它的。按摩奴為人類之始祖，至今尚有《摩奴法論》傳世。伊剎華古則為遠古之帝王。而師承世系之第一人——日神，乃日神一系帝王之鼻祖。阿周那和克里希那都是君主，是以《薄伽梵歌》所傳承的「瑜伽之道」，實為秘密之靈知，且為「明王」所傳承，既是成聖之「道」，又是帝王南面之術。故《薄伽梵歌》稱之為

「皇華之秘」（梵語 raja vidya）。在《薄伽梵歌》中，克里希那屢言此歌乃為明王（rajarishi）而作，亦為歷代聖君所傳承。按此歌以貫通天地人為其宗旨，其中實已蘊藏了至高之帝王道，非一般王霸南面之術可比。漢董仲舒曰：「古之造文者，三畫而連其中者，通其道也。取天地與人之中，以為貫而參通之。非王者，孰能當之？」（《春秋繁露‧王者通三》第四十四篇），王者受命於天，奉天化民，開物成務，與《薄伽梵歌》所倡之行動瑜伽相通。或有謂《摩奴法論》為印土之第一法典，然此書以釐定各種姓之職分為主，猶華夏之「禮」書，尚未進於形而上之道。從精神旨趣來看，作為帝王書的《薄伽梵歌》與老子的《道德經》更為接近。《莊子‧大宗師》裏有一份類似《薄伽梵歌》師承世系之「大宗師譜」，敘述「古之道術」的承載者：

> 夫道，有情有信，無為無形，可傳而不可受，可得而不可見。自本自根，未有天地，自古以固存；神鬼神帝，生天生地，在太極之先，而不為高；在六極之下，而不為深；先天地生，而不為久，長於上古，而不為老。豨韋氏得之，以擊天地，伏戲氏得之，以襲氣母，維鬥得之，終日不忒；日月得之，終古不息；堪壞得之，以襲崑崙；馮夷得之，以遊大川；肩吾得之，以處大山；黃帝得之，以登雲天；顓頊得之，以處玄宮；禺強得之，立乎北極；西王母得之，坐乎少廣。莫知其始，莫知其終。彭祖得之，上及有虞，下及五伯；傅說得之，以相武丁，奄有天下，乘東維，騎箕尾，而比於列星。

在這份「大宗師譜」裏，「道」排在第一位，後面從神仙至於君相，從太古之初至於三代，序列宛然可見。並且也說到「日月得之」，與《薄伽梵歌》之日神傳承說居然相通。我在《世界文明孤獨史》裏考證，豨韋氏、伏戲氏、黃帝、西王母或許亦皆與吠陀神靈有關。

《莊子》「大宗師譜」開頭先形容道體，謂其在太極之先又在六極之下，神鬼神帝生天生地又自古以固存，可謂既內在又超越。《中庸》此節禮讚天地之道，謂其無不持載無不覆幬，乃內在於天地萬物；並育而不相害、並行而不相悖，是生而不有為而不恃，表現出超越的一面。小德川流，大德敦化，乃一本而萬殊。值得注意的是，《中庸》《莊子》在講到道統的時候，都對道所體知趨向的目標——道體本身做了一番概括禮讚。這一點，《薄伽梵歌》也不例外，前引第四章 34 頌論師承，35 頌緊接著說：「爾既得法，迷癡不再，如是得見

眾生，咸在我而無外」，眾生無不在「我」之中，而且屬於「我」，意即宇宙大我無不持載無不覆幬；而作為本體的「我」則在眾生之外，超越而獨立。

## 三十一、至聖章

唯天下至聖，為能聰明睿知足以有臨也，寬裕溫柔足以有容也，發強剛毅足以有執也，齊莊中正足以有敬也，文理密察足以有別也。溥博淵泉而時出之，溥博如天，淵泉如淵。見而民莫不敬，言而民莫不信，行而民莫不說。是以聲名洋溢乎中國，施及蠻貊。舟車所至，人力所通，天之所覆，地之所載，日月所照，霜露所隊，凡有血氣者莫不尊親。故曰配天。

達斯按：此章為《中庸》之理想人格論或聖人論，包括聖人之德、聖人之養、聖人之氣象與聖人之功業。蓋聖人充盈中和之氣，具中和之德，發中和之氣象，故能行化育參贊之事，而與天地同其功。在中國文化裏，「中和」被賦予普遍性原則的地位，宇宙、社會、性情皆以中和為本，「中和」被視為「洪範」（大法）與「庸常」（日用之道），滲透到哲學、政治、道德、修養、養身、文學、藝術等各個層面。西漢董仲舒曰：「陽者，天之寬也。陰者，天之急也。中者，天之用也。和者，天之功也。舉天地之道而美於和」，「能以中和理天下者，其德大盛；能以中和養其身者，其壽極命」。宋司馬光著有《中和論》，認為「天地所以生成萬物，靡不由之」，「禮者，中和之法；仁者，中和之行」，「樂以中和為本」，「政以中和為美」，「刑以中和為貴」，「君子有中和之德，則邦家安樂，既樂且壽也。」按照中國文化的理念，「中和」包含了平常、中正、平和、簡易、平淡的意味，過與不及、偏陰偏陽或強陽濁陰，皆有違於天地自然之道。「中和」貫穿於中國人精神生活與物質生活的各個方面，甚至無一事不以中和為道，無一理不以中和為綱，可謂得中和則養，失中和則喪。

中和之氣體現於禮樂教化。明章潢《圖書編》謂：「中和者，禮樂之本也。五禮六樂者，禮樂之文也。捨中和之本，無以為禮樂，捨禮樂之文，無以導中和」。所以有中和之說、中和之言、中和之義、中和之學、中和之旨、中和之論、中和之教、中和之化、中和之聖、中和作用、中和之至、中和之為、中和大法、中和之極、中和之紀、中和統紀、中和之效、中和效驗、中和之政、中和之君、中和之事、中和之訓、中和之術、中和之治、中和之化、中和之業、中和功化等等說法。

中和之氣透顯於修身悟道，故有中和之風、中和之致、中和致德、中和之積、中和之養、中和之則、中和之教、中和之發、中和之美、中和之實、中和之容、中和之度、中和之量、中和淑質、中和淳粹、中和之歸、中和之行、中和之功、中和之懿、中和之正、中和正氣、中和之性、中和之心、中和之意、中和之感、中和之人、中和之士、中和之福、中和之秀、中和之氣、中和之道、中和之德、中和之理、中和醇靈、中和之象、中和之真、中和神氣、中和元氣、中和之應、中和之色等等表現。

漢《人物志》以中庸為聖人之目，以稟中和之質的聖人為理想人格，其言曰：

> 凡人之質量，中和最貴矣。中和之質，必平淡無味；故能調成五材，變化應節。
>
> 是故，觀人察質，必先察其平淡，而後求其聰明。聰明者，陰陽之精。陰陽清和，則中睿外明；聖人淳耀，能兼二美。知微知章，自非聖人，莫能兩遂。故明白之士，達動之機，而暗於玄慮；玄慮之人，識靜之原，而困於速捷。猶火日外照，不能內見；金水內映，不能外光。二者之義，蓋陰陽之別也。

聖人能以其中和之質調和陰陽，故動靜變化皆能中節。《人物志》進而概括聖人之容色氣象為「九徵」：

> 其為人也：質素平澹，中睿外朗，筋勁植固，聲清色懌，儀正容直，九徵皆至，則純粹之德也。九徵有違，則偏雜之材也。

這「九徵」所顯示的，不外是中和之養、中和之風、中和之色、中和之容。

聰明睿知為聖、寬裕溫柔為仁、發強剛毅為義、齊莊中正為禮、文理密察為智，皆中和氣性之發露。《論語・季氏》孔子曰：「君子有九思：視思明，聽思聰，色思溫，貌思恭，言思忠，事思敬，疑思問，忿思難，見得思義」，視、聽、色、貌、言、事、疑、忿、見得皆可歸入身、口、意三項，思明、思聰、思溫、思恭、思忠、思敬、思問、思難、思義即是針對身、口、意的克制、淨化，或說苦行。故君子不妄動，動必有道；君子不徒語，語必有理；君子不苟求，求必有義，如此乃得住於中和氣性，久之則顯發為仁義禮智聖諸聖德。《論語・顏淵》曰：

> 顏淵問仁。子曰：克己復禮，為仁。一日克己復禮，天下歸仁焉。為仁由己，而由人乎哉？顏淵曰：請問其目。子曰：非禮勿視，

非禮勿聽，非禮勿言，非禮勿動。

克己復禮相當於《薄伽梵歌》所謂「中和性苦行」，即存養中和之氣，故能生成中和之德——「仁」，《中庸》謂之「誠」。《薄伽梵歌》第十七章 14～17 頌曰：

> 敬天神分與夫婆羅門、本師、親長，身苦行分潔淨、守貞、不害而直方；

> 言語可親，有益誠信，惡聲無作，但誦梵經，如是守口，謂語苦行。

> 知足質直，玄默自制，如是淨心，謂意苦行。

> 人以至誠，修三苦行，心無所住，與道相應，如是苦修，出乎中和。

透過身、語、意三方面的克己苦行，中和之氣得以存養充積。聖人為天地中和之氣所貫注，故「溥博淵泉而時出之，溥博如天，淵泉如淵」，言其靜深有本、充積於中而發見於外也。聖人內有中和之養，外發為中和之氣象，相貌舉止言行自然讓人有如沐春風之感，所以「見而民莫不敬，言而民莫不信，行而民莫不說」。莫不尊親云云，言其中和之德所及，廣大如天，即「致中和，天地位，萬物育」也。

## 三十二、經綸章

> 唯天下至誠，為能經綸天下之大經，立天下之大本，知天地之化育。夫焉有所倚？肫肫其仁！淵淵其淵！浩浩其天！苟不固聰明聖知，達天德者，其孰能知之？

達斯按：前章言德行，此章論道本，蓋非達天德者，無以知天道也，所謂「苟不至德，至道不凝焉」。此章所論，與簡帛《五行》之聰明聖智說一脈相承。《五行》經文曰：

> 「不聰不明」。聰也者，聖之藏於耳者也。明也者，智之藏於目者也。聰，聖之始也；明，智之始也，故曰不聰明則不聖智。聖智必由聰明。聖始天，智始人。聖為崇，智為廣。

要達到聖智，必須經由聰明。陳來先生據竹簡《德聖》篇：「知人道曰智，知天道曰聖」，推斷此處「始」字乃「知」之誤，應為「聖知天，智知人」。「聖為崇，智為廣」意思是聖表示崇高，智代表廣大，故聖智代表最高的知覺水平

和境界，兼知天道和人道。知天道，能立天下之大本，故淵淵其淵，靜深而有本也；知人道，乃知天地之化育，故浩浩其天，言其廣大周遍如天也；天人「兩行」，即人道是天道，即天道是人道，以人道表顯天道，以天道貫注人道，是為極高明而道中庸，是為能經綸天下之大經，故其仁也肫肫。言其為仁有本，故誠摯而不膚泛。至誠者，居易以俟命，唯以天道為倚靠為依怙。《中庸》此章「唯天下至誠」一句，以「夫焉有所倚？」結句，極為有力，體現出一種壁立千仞、歸命天道的精神。孔子以克己復禮為仁，又曰「天生德於予，桓魋其如予何？」。謹守名分禮義的下面，是對天命、天道的皈依委順。這種傳統，可以一直上溯到《詩·皇矣》的「不識不知，順帝之則」。即使逍遙尚無如道家，其骨子裏還是尚謙崇柔，《莊子·德充符》曰：

> 故聖人有所遊，而知為孽，約為膠，德為接，工為商。聖人不謀，惡用知？不斲，惡用膠？無喪，惡用德？不貨，惡用商？四者，天鬻也。天鬻者，天食也。既受食於天，又惡用人！

「受食於天」，即老子所謂「貴食母」。聖人不謀、不斲、無喪、不貨，常不離其天德，無不源出於對天道的徹底信從和順服。此種精神，吠檀多傳統謂之「般缽底」（prapati），或 upasana。《薄伽梵歌》終篇，克里希那要求阿周那放下一切，只是託庇於「我」，其辭曰：

> 阿周那！寓乎內心，萬類真宰，受彼牽引，眾生行邁，摩耶為制，機輪所載。
>
> 婆羅多！歸命於彼，奉爾身心，以彼恩慈，得入清靜，不朽故鄉，爾將永寧。
>
> 此道我授，玄之又玄，爾其深思，行乎所願。
>
> 爾為我愛，我今更道，最秘之教，極玄至妙。受之於我，惟爾是保。
>
> 思我慕我，為巴克陀，敬事頂禮，一心在我，如是臻我，決定無錯，爾為我愛，我今許諾。
>
> 離一切法，唯我來依，我必救度，脫爾業力；如是信受，再無畏忌！

克里希那首先總結了天人關係與由此而來的天命歸宿。然後他要求阿周那思考已經有過的對話，然後按他認為是對的去做；看來，完全的皈依僅在自由意志、圓滿的理性、智慧和對克里希那通過整部《薄伽梵歌》所呈現的世界

觀的覺解之下才是成立的。在念出整部作品的兩句核心詩偈之前，克里希那公開表露了他對阿周那的情感，並懇求後者為了自己的利益慎重關注他所說的話語。然後他下了第一個宣言，那幾乎是第九章總結性詩偈的翻版：他請求阿周那成為他的奉獻者，崇拜他，向他頂禮；克里希那向阿周那許諾，這樣阿周那就能接近他。接下來克里希那下了另一個傳統上被稱為「究竟偈」的著名宣言，他擴充了對奉愛的訴求，要求阿周那拒斥一切法，單只託庇於他。克里希那向阿周那保證，如此行事，他將度脫他於一切罪業。克里希那現在建議阿周那拒斥他本人在通篇《薄伽梵歌》裏所舉出的各種路徑；阿周那只要徹底向他皈命，轉過來克里希那將度脫阿周那於一切罪業。《薄伽梵歌》的奉獻性結局為整部著作裏最棘手的問題之一，即罪的問題，提供了解決方法。懷著奉愛之心，皈命克里希那，就是解決之道，克里希那將親自度脫阿周那於一切罪業，進而賜予他來到自己身邊的自由，如是為臻達至善開啟了通路。兩位朋友之間的對話至此結束。

「離一切法，唯我來依」，召喚阿周那把對宗教儀法形式的執著陞轉為對神的純粹奉愛，這讓我們想起了孔子的詰問：「人而不仁，如禮何？人而不仁，如樂何？」。關於皈依，毗濕奴宗（Vaishnavism）內部有著名的「猴貓之爭」。「猴論」（Markatanyaya）認為，人與神的關係就像幼猴和母猴一樣：帶著幼猴的母猴遇到危險時，幼猴會抓著母猴，由母猴帶著它向安全地帶轉移。在這一過程中，主要由母猴採取行動，但幼猴也作出了努力，它抓緊母親，才得以逃生。因此，人不但要臣服託庇於神，還要加上個人的修持和對神的奉愛，才能讓靈魂解脫，回歸神性。「貓論」（Marjaranyaya）的說法是，帶著幼貓的母貓在遇到危險時，母貓直接把它叼在口中逃跑，在這一過程中，幼貓只需完全委順仰賴母貓，憑著對母愛的信靠，就能輕而易舉地得到拯救。從對超越者的趨近方式來看，儒家修德凝道，似乎近於「猴論」，而《薄伽梵歌》更傾向「貓論」。儒家的皈依顯然缺少罪感，倒是更多出於對人性天命的委順，也就是中和之德。簡帛《五行》對德與道的關係有更深細的論述，其文曰：

> 「聞道而樂者，有德者也。」道也者，天道也。言好德者之聞
> 君子道而以夫五為一也。故能樂，樂也者和，和者德也。

以夫五為一，意為收攝五官而專注一心，也就是喜怒哀樂所未發之中和境界。致中和則德生，德生則道凝，故有德者聞道而樂。儒家排拒「惰慢邪辟之氣」，情志身心力求和順純正，故其所謂樂來自與天道的相應。《禮記·樂記》云：

是故君子反情以和志，比類以成其行，奸聲亂色不留聰明，淫樂慝禮不接心術，惰慢邪辟之氣不設於身體，使耳鼻口心知百體，皆由順正，以行其義。

樂者樂也，君子樂得其道，小人樂得其欲。以道制欲則樂而不亂，以欲忘道則惑而不樂。

「樂」並非來自私欲的滿足，而是來自以道克制私欲，這當然需要艱苦的修煉。《薄伽梵》把這種樂歸於「中和之樂」，《薄伽梵歌》第十八章36～39頌云：

樂亦有三，爾其聽之，得而悅豫，諸苦皆離。

始如毒苦，其末如飴，此樂中和，催生菩提。

諸根觸塵，樂出陽氣，始如甘露，末比毒苦。

迷乎真性，終始幻偽，生於虛誕，怠惰昏睡，樂而如是，濁陰之謂。

儘管中和之樂從吃苦開始，要經歷修煉的繁難，但這修煉漸漸讓人變得滿足，並最終轉化為深沉的喜樂。強陽之樂根本不同，它建立在短暫的肉體、心理的滿足之上，後來變成了煩惱。濁陰之樂表現為貫穿始終的迷幻，建立在從怠惰、昏睡和粗疏而來的快樂之上。中和之樂即老子所謂「味無味」。老子曰：「樂與餌，過客止。道之出口，淡乎其無味，視之不足見，聽之不足聞，用之不足既」，此說與《薄伽梵歌》毒藥、甘露之譬猶為吻合。

就神學部分而言，《薄伽梵歌》的巴克提道與基督教的神愛論極為相近。《薄伽梵歌》反覆強調：「思我慕我，為巴克陀，敬事頂禮，一心在我，如是臻我，決定無錯，爾為我愛，我今許諾」，而《聖經》也一再宣說耶穌的誡命：「你要盡心、盡性、盡意、盡力愛主你的神」。當年到印度的西方傳教士初次讀到《薄伽梵歌》，甚至斷言此書乃剽竊《聖經》之偽作。但就「性與天道」一以貫之而言，巴克提道又與儒家之「仁」、「孝」以及《中庸》之「誠」堪稱妙契。《薄伽梵歌》融攝以上兩部分學問，足可為儒耶溝通之津梁。

近來基督教學者多稱引原始儒家典籍，如《尚書》《詩經》，還以殷墟甲骨文為旁證，想要證明上古華夏之「上帝」、「天」即以色列之「God」。毋庸置疑，兩者之間確有許多相似之處，但若說兩者絕對等同，就不免過於籠統了。據美國漢學家艾蘭的研究，商代甲骨文中的上帝是北極星神，掌管天體運行，從而掌管了日月和季節。在商人的觀念裏，上帝居於通天神樹之上的

北極星，凌駕於眾太陽和先祖神之上，他統治著天上的宮廷和諸神，掌管著商人繁榮所依賴的天氣現象。可以說，帝的權力核心是他對天的統治能力。天不僅是特定天氣的源泉，而且控制著時間及季節的正常更替。隨之而來的是，人間統治者的最重大責任就是根據正確的日曆來舉行祭禮。他們請求他庇護自己要著手的重大事項，包括戰爭和築城，但他們得通過自己的先祖才能接近上帝。而在周人的宇宙觀中，作為北極星神的上帝也是至上神。帝可以指先祖，他被想像為商周兩族的最原始的祖先，而且，他也可能是其他族人的最原始祖先。〔註47〕

拙文《象太一之容》考證，此居於通天神樹之上的北極星神實際就是儒道黃老所共同宗奉的太一，也就是「法度量、調氣律，行二十又八宿」的少皞伏羲。《通典》云：「北辰為皞宗」。而伏羲是梵語 Vishnu 的對音，伏羲即吠陀之至上神毗濕奴。據《往世書》記載，作為宇宙大我的毗濕奴居住於北極星之上，統御著眾星和諸神。在四千多年前的印度河陶印上，這個北極主神被描繪成戴著一對水牛角盤腿而坐的四面大神的形象。他就是《梨俱吠陀》中的水神，居於最高天監視眾生、獎善罰惡的筏樓那（Varuna），也是後來印度教三大神毗濕奴、梵天、濕婆的祖型與集合體。並且，印度河陶印上還出現了宇宙中央神樹及雙頭龍所護擁的「建鼓」，象徵了「建中立極」的意象（參考《世界文明孤獨史》）。牛角北極主神的形象，在華夏演變為殷周最常見的饕餮紋〔註48〕。簡而言之，他對應於《薄伽梵歌》中的薄伽梵、超靈、宇宙大我，乃是祭祀的受用者、眾星和天神的主人、人類最親密的朋友，《薄伽梵歌》第五章 29 頌云：

> 我為諸獻祭與苦修之歆享者兮，
> 為諸世界與天神之自在主，
> 又為諸有情之賜福者與護持者兮，
> 覺者如是知我乃得夫安住。

超靈既凌駕於萬物之上，又遍在於萬物乃至眾生心中，是為既超越又內在，與華夏之上帝、天、道、太一皆吻合。而基督教之上帝卻是完全超絕於人

---

〔註47〕參考艾蘭著：《龜之謎》，商務印書館，2013 年版。附錄：商周時期的上帝、天和天命觀念的起源。

〔註48〕參考徐達斯著《象太一之容》一文，刊載於《跨文化對話》，三聯書店，2015 年版，第 233 頁。

和世界的，身帶原罪的人與上帝之間有著無法跨越的鴻溝。可以說，這是東方上帝跟西方 God 最根本的差別。這種本體論上的差異，造成了西方文化之重獨立尚別異，與東方文化之傾向於尊一統貴和同。而古吠檀多「不一不異」哲學以及與之一脈相通的儒家中庸思想，正好可以對東西兩極起到糾偏融和的作用。

據《尚書》之《洪範》篇云，伏羲將九時傳授給夏禹，而禹又傳之於湯，武王滅商後，受之於殷遺臣箕子。《中庸》建中立極的思想，正是發端於九時之「建立皇極」。

## 三十三、尚絅章

> 詩曰：「衣錦尚絅」，惡其文之著也。故君子之道，闇然而日章；小人之道，的然而日亡。君子之道，淡而不厭、簡而文、溫而理。知遠之近，知風之自，知微之顯，可與入德矣。詩云：「潛雖伏矣，亦孔之昭！」故君子內省不疚，無惡於志。君子之所不可及者，其唯人之所不見乎。詩云：「相在爾室，尚不愧于屋漏」。故君子不動而敬，不言而信。詩曰：「奏假無言，時靡有爭。」是故君子不賞而民勸，不怒而民威於鈇鉞。詩曰：「不顯惟德，百辟其刑之。」是故君子篤恭而天下平。詩云：「予懷明德，不大聲以色。」子曰：「聲色之於以化民，末也。」詩曰：「德輶如毛」，毛猶有倫。「上天之載，無聲無臭」，至矣。

**達斯按**：康有為《中庸注》於此條注曰：「此書開端，本之於天以為道教，末終，歸之於天以發神明。開天明道，則萬緒千條皆為有；還天明德，則無聲無臭皆盡無」。

此章為全篇之總結，且多引《詩》，以見其「考諸三王而不謬」也。蓋修道莫如誠，誠以事天地則天地和，誠以治國家則見其祥，誠以孝其親則宗廟其可享，誠以養其心則神明其來將。誠者正也。守正莫如敬。敬以思慮則莫之能惑，敬以自立則莫之能僕，敬以進取則莫之能禦，敬以自守則莫之能誘。敬者性也。率性莫如慎獨，慎獨莫如養晦。人但知聖人之至誠，足以動天地化蠻貊，而不知聖道之廣大，始於屋漏也；人但知聖人之大經，足以彰往古照來今，而不知聖道之昭明，始於潛伏也。人但知聖人之難學，而不知聖人之道，在乎中庸也；人但知中庸之難能，而不知中庸之道，無聲無臭也。

無聲無臭者，喜怒哀樂未發之中，而為天命之所乘載，對應前引《詩》：
「維天之命，於穆不已。於乎不顯，文王之德之純！」。君子上則事天，下則
化民，其實皆不出對性命的覺解之外，而俗人以為君子別有聲色手段，不知「君
子之所不可及者，其唯人之所不見乎。」是故君子潛伏慎獨，所以存心養性；
敬神畏天，所以致誠安命。「相在爾室，尚不愧于屋漏」句出《詩‧大雅‧抑》。
屋頂漏則見天光，暗中之事全現，喻神明監察。「奏假無言，時靡有爭」引自
《詩經‧商頌‧烈祖》。奏：進奉。假：通格，即感通，意指誠心能與神明相
感應，故肅穆無言，不生爭執。郭店竹簡《五行》篇對這種內在的覺解或精神
境界有獨到的發明，為《論語》《大學》《中庸》所無。其開篇就說：

> 五行。仁形於內謂之德之行，不形於內謂之行。禮形於內謂之
> 德之行，不形於內謂之行。智形於內謂之德之行，不形於內謂之行。
> 聖形於內謂之德之行，不形於內謂之德之行。

這段話對「行」做了區分：一種叫做「行」，一種叫做「德之行」。「德之
行」是仁義禮智形於內的，而「行」是仁義禮智不形於內的。從內心發出來的
才是「德之行」，如果只是服從外在的道德義務或出於功利的動機，這樣做出
來的行為雖然也是「行」，但不是「德之行」。仁義禮智皆根於心，為中和之氣
在統攝於心的情感、意志、行為、思維各個層面的流露，方其未表顯出來時，
構成了人整體的內在精神境界和生命覺解。陽明謂此心為「良知」。他所謂的
「致良知」實際就是推致良知或良知所涵攝之仁義禮智於事事物物，而成其為
「德之行」。聖則已經與天道為一，故形於內謂之德之行，不形於內謂之德之
行，即孔子所謂「隨心所欲，不逾矩」。

竹簡《五行》篇對聖、智的生成機制也有深細的剖析，其文曰：

> 君子無中心之憂則無中心之智，無中心之智則無中心之悅，無
> 中心之悅則不安，不安則不樂，不樂則無德。君子無中心之憂則無
> 中心之聖，無中心之聖則無中心之悅，無中心之悅則不安，不安而
> 不樂，不樂則無德。

中心之憂，即牟宗三先生所謂「憂患意識」，所憂者乃德之未修，學之未
講與萬物之不得其所，相當於佛的大悲心與耶穌的愛，同為一種宇宙的悲情。
據竹簡《五行》說，聖與智皆生發於這種悲天憫人的宗教意識。中心之智與中
心之聖，即是德，源出中和氣性，乃有悅、安、樂之表現，故不悅不安不樂則
無德。聖智皆生於內而發於外，非有所假借湊泊，《中庸》謂之「闇然而日章」，

故「知遠之近，知風之自，知微之顯，可與入德矣」。

　　「君子之道，淡而不厭、簡而文、溫而理」，為其有聖智形於內也，為其有中心之悅也，為其生發於中和也，《薄伽梵歌》謂之薩埵之德。

# 主要參考文獻

1.《上帝的基因》，徐達斯著，重慶出版集團，2008 年。

2.《道從這裡講起》，（以色列）伊薩瑪·泰奧多著，徐達斯譯注，九州出版社，2013 年。

3.《世界文明孤獨史》，徐達斯著，作家出版社，2019 年。

4.《薄伽梵往世書》（上下冊），徐達斯編譯，陝西師範大學出版社，2017 年。

5.《薄伽梵往世書》（十二冊），帕布帕德譯著，佳娜娃中譯，中國社科出版社，2016 年。

6.《薄伽梵歌·如是說》，帕布帕德著，徐達斯譯，西藏藏文古籍出版社，2020 年。

7.《徐梵澄文集》，徐梵澄著，三聯書店上海分店，2006 年。

8.《饒宗頤二十世紀學術文集》，饒宗頤著，中國人民大學出版社，2009 年。

9.《印度哲學史略》，湯用彤著，上海古籍出版社，2006 年。

10.《瑜伽經》，王志成、楊柳中譯，商務印書館，2022 年。

11.《印度瑜伽經與佛教》，王慕齡著，宗教文化出版社，2012 年版。

12.《印度佛學源流略講》，呂澂著，上海世紀出版集團，2005 年。

13.《印度吠檀多哲學史》，孫晶著，中國社會科學出版社，2013 年。

14.《論天人之際》，余英時著，臺灣聯經出版社，2014 年。

15.《中國哲學精神及其發展》，方東美著，中華書局，2012 年。

16.《人的圓滿》，雷蒙·潘尼卡著，王志成譯，宗教文化出版社 2006 年。

17.《印度教中未知的基督》，雷蒙·潘尼卡著，王志成、思竹譯，四川人民出

版社，2003 年版。

18.《〈梨俱吠陀〉神曲選》巫白慧譯解，商務印書館，2010 年。

19.《摩奴法論》，蔣忠新譯，中國社會科學院出版社，2007 年。

# 附錄一：《伊莎奧義書》四家譯注

## 第一頌

īśāvāsyam idam sarvaṁ

　yat kiñca jagatyāṁ jagat

　tena tyaktena bhuñjīthā

　mā gṛdhaḥ kasya svid dhanam

摩陀婆[註1]譯注：

　　整個世界，凡在自性中者，皆為主所遍覆。享受主所給予的，
切勿欲求他人資財。

　吾頂禮赫黎（Hari），彼乃一切常與無常之根基，彼之軀體不朽永恆，乃智慧與圓滿福樂所造就，彼為一切祭祀之受用者。

　吾永遠禮敬吾師，至尊主，依靠他，梵天、因陀羅、濕婆、眾天神以及吉祥天女乃保有其智慧。

　Isavasyam（isa 和 avasyam）意謂：適合為主所居，因為若無主的臨在，則無物運化。Jagatyam 意為「於自性中」。如是其含義為「整個世界，凡在自性中者，皆適合為主所居」吾人當享受由主（tena）所給予的（tyaktena）。

　《梵卵往世書》曰：緣世界無法自行運轉故，主必須居於其中以運轉之。緣彼進入自性以運轉之，故謂之自性主。緣萬物依賴彼，故皆屬於彼。享受彼

---

〔註1〕摩陀婆（Madhva，12～13 世紀），印度最偉大的哲學家之一，毗濕奴宗（Vaishnava）梵天傳系（Brahma Sampradaya）的巴克提瑜伽宗師，吠檀多二元論（Dvaida Vada）之創始人，主張神人二分。

（所有者）所給予的，外此切勿欲求。

　　吠檀多・德濕迦〔註2〕譯注

　　　　主在世界之內之外、萬物之裏之表。是故，以捨離心經驗塵世
對象，緣無一物屬吾人故。勿欲求其他任何人的財富。

　　吾崇拜華胥天人（Vasudeva），純粹、不朽之德的江河，遍透情與無情構成的世界。彼乃一切之主宰，充滿渾然天成之偉大，作為萬有之魂而居於其內。彼超越一切錯誤。唯獨彼為一切知識之所知。因為他除業銷罪，還有誰會是解脫者的冥思對象，還有誰是解脫的法門？是人，還是圓滿之道，於《白夜柔》之末，於《伊莎奧義書》中被揭示。須知此頌為明師向門弟子講說有關至尊者的知識。此《奧義書》被置於吠陀本集之末，表明本集內所論述的所有業行，作為知識之次階被踐行，皆有益於獲得有關至尊者的知識。〔註3〕

　　為了讓弟子具備資格，在第一頌裏，上師闡明至尊者的地位，即其他一切皆仰賴於它，如此拒斥了所有關於獨立自存者的虛假論說。〔註4〕Idam 意指由一切情與無情構成的世界，不包括被認定為真實存在的至尊主。Isha 意為「被至尊主」，萬物的主宰者，以有別於個我（jiva，吉瓦）而著稱。彼於諸如以下的經文中得到描述：「有兩類永恆的生命：充滿智慧的主和充滿無明的個體」（《白淨識奧義書》1.9）。世界為彼所遍透（vasyam）。或者也可以理解為：「世界必須為彼所居，或必須常居彼之內」。應該記住以下這句話：「有學問的人說，主被稱為華胥提婆（Vasudeva），緣彼無處不生（vasati）且萬物皆生於彼中之故。」（《毗濕奴往世書》1.2.12）

　　Jagatyam（在世上）也指此世之外的地方。Jagat 意為所有背離（gacchanti）其本性（dharma）的以受用者自居的生命，以及作為被受用對象的背離其本相（svarupa）的萬物。為了強調無物可以沒有主之內外臨在而獨存，yat kinca（無

〔註2〕 吠檀多・德濕迦（Vedanta Desika，1268～1369 年），印度著名詩人、哲學家、數學家，也是繼羅摩努闍之後毗濕奴宗（Vaishnava）室利傳系（Shri Sampradaya）中最重要的宗師。——譯者注。

〔註3〕《白夜柔吠陀》三十九章涉及祭祀和職分（業），最後一章為《伊莎奧義書》，涉及智慧。

〔註4〕 首偈宣告 tattva 或最高真諦。第一組，包括偈頌一和偈頌二，出示了作品的主旨——知行合一。第二組，從偈頌三到八，涉及有關主的知識，以及此知識之果。第八頌表明了個體和主的區別。第三組，從偈頌九到十四，涉及工夫，也指出最後的歸趣。第四組，從偈頌十四到十八，由崇拜者所使用的禱告構成，而此前皆為教誨。

論什麼）被綴加上去。如下論說所確立者：

> 他們說，諸根、心、智、存在、能、力、念、自性和靈魂無非
> 皆為華胥提婆。(《毗濕奴千號》)

> 唯那羅衍那存在，非梵天亦非濕婆。(《摩訶奧義書》)

> 濕婆曰：我未免於罪。給我名。(《百道梵書》6.1.3.9)

認為一個新造的宇宙就有一個新的主，以及認為一個宇宙裏有很多主，這些人都被支持唯一主於所有宇宙遍透永恆時間的經典的論據所擊敗。這些論述表明，不能說濕婆是萬物的終極因，他被業報（karma）所控制，因此不可能遍透一切、涵容一切。Isha，其詞意為：具有不可阻擋之能力的萬物主宰者。俗謂 Isha 為濕婆，從詞源學來看不能成立。

以下偈語表明主具足萬物皆息止於其上的大能：

> 彼是主人，是上主，是宇宙的靈魂。(《摩訶那羅衍那奧義書》
> 13.2)

> 居於日中之明主即是居於心中之主。(《伊莎奧義書》16)

已經被引用過的偈語表明梵天和濕婆皆生起於彼。彼被榮耀為居於萬物之內的主、所有生命個體中的靈魂，如「那羅衍那乃所有生命個體中的靈魂，無有罪孽，乃彼光輝燦爛之主」(《須跋拉奧義書》)。

儘管有諸如此類的說法：彼為梵天、彼為濕婆，其實這些說法意思是那羅衍那遍透彼等。或者有說「那羅衍那即是宇宙」，也是意指他遍透整個宇宙。這些論述顯示了宇宙依賴於主而生起。

弟子懂得一切依賴主之後，上師教他捨離世間。透過看到對象中的所有缺陷，對於錯認為是受用對象之對象徹底捨離（tyakena），吾人當僅只受取維持身體所需者，以及不違離瑜伽或正法者。如是智慧（伴隨對物質對象之捨離）和維生（物質對象成為必需）兩個目標皆得實現。或者受用有限數量的物質對象，以剛才解釋過的方式，因為主遍透萬有。

切勿貪求他人的財富，無論是友或非友。閻羅曾告訴他的僕從：「追逐財富者不是華胥提婆的奉獻者」(《毗濕奴往世書》3.7.31～32)。

拒絕財富表明，除了神我之外當捨離一切對象。《那羅陀雲遊奧義書》之十八有言：

> 誰專注於主，除了主以外捨離一切，便有資格成為棄絕者，遠
> 離所有欲望。

巴臘提婆‧維狄耶布莎那〔註5〕 譯注

可見之世間，乃至存在於感知之外者，皆在主的掌控之下。因此，吾人當僅只受用主透過業報所分配者。

吾崇拜夏瑪遜達爾（Shyamasundara），至上主，永恆不變，其身體與其自身無別，充滿不可思議的能力，僅僅為皈順所控制，被天啟經和聖傳經贊為成、住、滅之根本因。

關於吠陀本意有很多錯誤的說法。小智者認為吠陀諸經指向被稱為業（karma）的規範性行為，以臻達四大人生目標（purusharthas 法、利、欲樂、解脫），毗濕奴亦服從彼業，業果諸如往生天堂是永恆的，個我和自性獨立於主，個我乃大梵之碎片，大梵之影像，或者大梵之幻象，個我可以憑藉覺悟其為梵而摧毀在塵世間的生死輪迴。與此相對立的觀點（purvapaksha），《伊莎奧義書》答稱，毗濕奴之至高身相獨立、全能、全知，具足人類所追求的一切德性，乃智慧與福樂所成。

經典中提到「五大實諦」：自在主（Ishvara，自在天）、個我（Jiva）、自性（Prakrti，原質）、時間（Kala）和業報（Karma）。其中，Ishvara 是主，不受時空影響。彼乃至尊知覺體（vibhu-caitanya），Jiva 為極微知覺體（anu-caitanya）。Jiva 和 Ishvara 皆具諸德，如永恆覺知與對「我」之認知。Jiva 和 Ishvara 既是知者（關於自身和其他事物）也是知本身。此說並不矛盾，猶如太陽，照亮自身和萬物，而同時也是光明本身。

然而，主，本性具足一切能力，進入自性（prakrti，原質）並操控之。儘管是一，彼化現為很多形體；儘管無別於其身與德，彼顯現為具德之人或者有身之靈魂。彼不為心識與諸根所取，然而卻被愛控制，如是向奉獻者獻出其智慧、福樂之身。

個體非一而為多，且處於各種不同的境況之下。由於拒絕主，彼等為生死輪迴所束縛。但是透過順意向主，個體捨棄其相與德之上的蔽覆，獲得了真實的相與德。

自性為三氣性（三德，gunas）之平衡態。他被稱作諸如摩耶（maya）、答

〔註5〕 巴臘提婆‧維狄耶布莎那（Baladeva Vidyabhusana，亦譯力天），18 世紀毗濕奴宗（Vaishnava）孟加拉傳系（Gaudiya Samparadaya）的巴克提瑜伽宗師，著有《哥賓陀疏》（Govinda Bhasya），是對《吠檀多經》的重要評注。——譯者注。

磨（tamas）一類的名號。僅當主瞥視自性，它才生起宇宙萬殊。

時間為一特殊元素，設此以經驗過去、現在、未來、快、慢、同時。從片刻到一個帕拉爾答（parardha，梵天壽命之半），時間有很多刻度。它循環不息如輪，為了創造和毀滅而現起。

自在主、個體、自性和時間乃永恆實在，無有創造和毀滅，但個體、自性和時間皆依賴自在主。

個體之業報亦被稱為 adrshta 或命運。它沒有獨立的能力，且具惰性（猶如自性和時間）。它沒有開端，但有可能終結（不像自性和時間）。個我、自性、時間和業報乃大梵（有能者）之能（shakti），故此被認為與彼無別。就此意義而言，有同於不二論派梵外無物之說。

為了清楚定義此五大實諦，諸阿闍梨於天啟經中，呈現《伊莎奧義書》。這些曼陀羅定義了阿特曼（atma）之本性，故並不適用於求取塵世欲樂之業行，但卻適用於崇拜（upasana）。Upasana 意味著確立個體與主的關係。這種關係乃是個體對主所持的順意的服務態度。

巴克提維諾達・塔庫拉〔註6〕　譯注

　　世間所存在的一切皆為主所遍覆。緣此之故，汝當於享受時修

　煉捨離。汝不可欲求他人之財。

憑藉其能量創造宇宙，主於世間無所不在。個體啊，你也是從他的能量所衍生的一種特殊實體。他是超靈，而你是個靈。你是靈魂，但你無非是一極微靈魂。你不幸錯會了你的身份，欲圖為了自己的快樂而受用實際屬於別人的物質對象。但是，如果你在相對於超靈的關係中受取所有對象，那麼你就不可能把別人的財富據為己有。

奉獻一切給主，無論受取多少，皆視為主的恩賜。然後，一切轉變為靈性。

## 第二頌

　　　　kurvann eveha karmāṇi

　　　　　jijīviṣec chataṁ samāḥ

　　　　　evaṁ tvayi nānyatheto 'sti

〔註6〕巴克提維諾達・塔庫拉（Bhaktivionoda Thakur），19世紀毗濕奴宗（Vaishnava）孟加拉傳系（Gaudiya Samparadaya）的巴克提瑜伽宗師，引領了巴克提瑜伽向現代的轉型，有大量著作、詩歌傳世，影響深遠。——譯者注。

na karma lipyate nare

摩多婆阿　譯注

吾人須盡其百年形壽，同時以捨離心踐行職分，以之奉獻於主。
是為無二之選。如此行動不會污染任何人。

　　憑著無所作為，人就不會為塵世所羈，這並非事實。《那羅底耶往世書》
云：

若人無明，不去崇拜克里希那，那麼就會造下罪孽。若思辨者
（Jnani）不曾崇拜主，他的福樂肯定會減小。如是，無罪的思辨者
因為忽略了崇拜而變得有罪。因此，每個人皆應踐履與主有關的業
行。

吠檀多·德濕迦　譯注

以捨離心踐行職分，如此吾人可盡其百年之形壽，須知主為所
有者。捨此之外，無道可從。業不會束縛知行合一者。

　　此頌顯示有學問的人盡其一生，踐行倫常日用，同時卻不以作為者自居，
捨離欲念和業果。願望動詞 jijviset（應該想要活下去）的使用，顯示出即使
追求梵的人也應投入職分，直至圓滿覺悟大梵，實現其人生目標。百歲之數
是合適的。活一百年，或者直至覺悟大梵，吾人當踐履適合其德之業。吾人
絕不該放棄這些有助於養成智慧的賦定職分。此頌並不贊成為單獨為業果而
踐履職分。是故，《梵經》（Brahma sutra，3.4.13）云：navisesat：沒有規定
要人一輩子踐行其業。《梵經》另一處提出與此並不矛盾的說法：Stutaye
numatir ya：准許人終生踐履職分，但只為榮顯道（Brahma sutra，3.4.14）。
《室利疏》（Sri-bhasya）注曰：va 表示排斥其他，意為「僅僅」。所以，准
許人終生踐履職分，僅僅為了榮顯道（而非單求業果），因為這個說法跟著
前面的主題：有關主遍透萬有的智慧。即使一個人終生有為，因為智慧的力
量，卻不受業報沾染。〔註7〕

　　「但是，出於其本性，業行當束縛造業者」。此頌回答：「業無污彼（nare），
那個追求智慧的婆羅門」。業行並不帶來諸如往生天堂之類的業果，如果業行
被視為附屬於對智慧的追求。

---

〔註7〕儘管智慧乃解脫之根源，業行亦須相伴踐履，緣其有助成就故。業行之作並無
　　　上達天堂之欲，因此不造成束縛。若業行離開智慧而作，那麼就會帶來諸如天
　　　堂之類的果報，《梵經》皆有論及。

Agnihotradi tu tat-karyayaiva tad-darshanat：火祭以及其他日常業行以產生智慧為其結果，經典皆如是說。（《梵經》4.1.16）

不執之智者，若造下不利於產生智慧的受禁止的業行（kamya-karma），便不可能善加分辨。對於打破習俗者，必須經歷適當的懺悔。此說有經典的支持：

> 尚未禁絕罪惡者，不清靜者，不努力向主者，或不控制心意者，
>
> 皆無法臻達至尊主，雖彼十分聰明而且博學（《羯陀奧義書》1.2.24）

不過，《梵經》4.1.13 之後幾偈（闡釋智慧之結果）顯示，對於已經證得智慧者，無意中犯下的罪業不會造成任何一絲污染。憑智慧燒盡一切罪孽的人不必遵循規條戒律，這種說法不為知吠陀者所認可。

### 巴臘提婆‧維狄耶布莎那　譯注

> 入世踐履而無執著，你可希翼百年之壽。對於你或者任何人，
>
> 欲擺脫塵染，除此以外別無他途。此等業行不會污染你。

此頌論及依據經典的種姓—行期法對於淨化人類覺性之必要性。透過不雜私欲的業行（比如火祭），吾人可以希翼活在地球上，盡其百年形壽。

### 巴克提維諾達‧塔庫拉　譯注

當人行動時見一切與宇宙大我有關，其一切行為便變成了靈性的。即使此人壽長百歲，也不會受到污染。於日常生活中，吾人必須有所作為。否則便會死亡或至少無法舒適地生活。但是。若人當生存時，培養與宇宙大我的關係，與彼相關聯的業行便不再是束縛之因。此等業行實際採取了道或巴克提（bhakti）的形式。以道踐行即是巴克提（bhakti）。仙聖那羅陀如是說：

> 巴克提被定義為運用感官為主服務。其踐行應出之以悅主之心，
>
> 且不受其他欲念干擾、不被其他修法阻礙。（《那羅陀五軌持》）

## 第三頌

> asuryā nāma te lokā
>
> 　andhena tamasāvṛtāḥ
>
> 　tāṁs te pretyābhigacchanti
>
> 　ye ke cātma-hano janāḥ

### 摩陀婆　譯注

> 魔所到達的星宿，痛苦充滿，必定為深厚的無明所覆蓋。謗毀
> 毗濕奴之真實本性的人，死後墮入那裡。

那地方被稱為 asurya，因為是魔所去的地方，全無（a）美好的（su）歡樂。正如《薄伽梵往世書》所說：一般俗人無法從你裏面找到快樂，相反還攻擊主，用錯誤的觀念崇拜主（10.87.22）。《侏儒往世書》解釋：那些星宿被稱為 asurya，因為它們施加巨大的痛苦，為魔之所往。那些反對主的，就去那裡。

本頌陳述了一個規則：任何反對主的人，就去那裡。經典也說：作為固定不變的規則，任何反對毗濕奴的人必走向黑暗。

吠檀多·德濕迦　譯注

死亡之後，未曾培養靈魂之知識者，當即墮入被無邊黑暗覆蓋的星宿，彼地為魔所居。

為了激發人立刻勉力於前所論及的智慧，此頌說到殺靈魂者，即那些未曾致力於智慧，反而拼命追求財富、權力的人，必定墮入地獄。Asurya 意思是：「屬於魔的」。它意味著「被魔性之人所經驗」。那些地方，以其魔性之民所著稱，就是地獄星宿。此外，那裡遍布深厚無邊的黑暗。殺靈魂者，無論其為天神或人類，婆羅門或剎帝利，放棄現在的軀體後，馬上前去那些毫無光明的地方。

Asann eva sa bhavati asad brahmeti veda cet：若有人認為大梵不存在，彼不復存在（《泰提黎耶奧義書》2.6）。不信大梵者讓自己不復存在。如是殺靈魂者（atma-hanah）意為那些積聚罪業的人。Janah 意指再次投生者。故此那些未曾致力於主的智慧的人再次投生，墮入魔域。

巴臘提婆·維狄耶布莎那　譯注

魔所去的星宿自然遍布黑暗。那些在俗世追逐中浪費生命殺死自我的人死後墮入那裡。

此頌批評一味沉溺於自身享樂之輩。Ye ke 意為 ye kecit，任何人，無論貴賤、智愚。

殺靈魂者（atma-hanah）指那些為重複生死所困之人（由於渴望過度的享受）。死後，所有殺靈魂者去往那個星宿。魔性之人所去的星宿被沉重的黑暗所覆蓋。意思是：沒有靈魂或上主知識的人、耽溺於塵世享樂的人，死後墮入被無明覆蓋的魔域。

巴克提維諾達·塔庫拉　譯注

不去建立與太一的關係，且一味享受塵世者，被稱為殺靈魂者。

彼等死後去往為黑暗所覆蓋的魔性世界。

不按照正法踐行者，不是為了達到捨離而踐行正法者，不是為了存養性靈而託身捨離者，踐履業行、正法和捨離只是出於私心或感官享受，而非助力靈性進步，彼輩之生其實與死無異。《薄伽梵往世書》（3.23.56）云：「做工而不為提升自我於靈性生活，奉行儀軌而不超入捨離，安處捨離而不自進於對至上者的服務奉獻，必須被視為與死無異，儘管其呼吸尚存」。

如此行為者置其靈魂於昏沉乃至幾乎毀滅之境。因此他們被喚做殺靈魂者。此輩逐漸趨向魔性，拋棄了靈魂與生俱來的敬畏之心。是故，吾人當行業以維繫肉體，同時於人世間建立與超靈的關係。這樣的業行僅僅是名義而已，它們已經完全轉化成了對主的服務。

## 第四頌

anejad ekaṁ manaso javīyo

　nainad devā āpnuvan pūrvam arṣat

tad dhāvato 'nyān atyeti tiṣṭhat

　tasminn apo mātariśvā dadhāti

摩陀婆　譯注

太一無畏、至尊，速度比心念更快。眾神無法完全認知他，而他從有始以來就了知萬有。他不動，卻超越所有奔馳者。在他的指令下，風助眾生動作。

據《梵卵往世書》描述，太一絕不顫抖，因為他無所畏懼。他是一，因為他至高無上。他甚至不為眾神所知，因為他們無法完全瞭解他。然而他，由於其本性，從有始以來就了知萬有。因為他的能不可思議且無所不在，他寂然不動卻超越一切欲追攀他者。眾生一切動作皆起於風，而風將眾生一切動作獻給太一，是故吾人當奉獻一切於太一。

吠檀多·德濕迦　譯注

太一獨立不倚，寂然不動，而其動速於心。諸天神無法理解、認知他，儘管他近在咫尺。雖然原地安立，他卻超越一切奔馳者。憑藉他的力量，風攜帶水和雲。

此頌透過使用互相矛盾的表達，來論述無所不在的太一。太一不動，乃唯一者，或獨立獨存者。他比最快的心還快。有人或許反對：「這不可能，他不動卻比心還快」。但這並非不可能。太一這麼做其實輕而易舉。此處用了比喻

性的方式，說他寂然不動，因為他憑自力永恆彌漫萬有，所以不必從一地移動至另一地。他比心的運動還要快，因為他永遠超過心思所能到達的極限。其他表述亦應以此種方式加以理解。

如是，諸天神尚未臻達這已然無所不在之太一。塵世中人，知識為業所縛，在達到真知前，無法憑藉智識覺解太一，儘管他透過其強大的自性永恆存在於他們面前。因此，這些表述並無矛盾之處。

同樣，《唱贊奧義書》（8.3.2）云：「猶如無知之人游蕩於埋藏地底的黃金寶藏之上，卻因為毫不知情而一無所得，世間眾生，為業所覆，雖然每日於深眠中前往太一，卻未曾到達太一的世界」。

他無處不在。他居於大地，亦居於自我之中。如是他寂然不動，卻超越了一切奔馳者，比如大鵬鳥伽魯達。無論他們奔馳多快，主雖寂然不動，卻遠遠超越他們。據《樓多羅本集》：「即使以心念的速度飛奔，如伽魯達一般，飛上一百萬年，還是無法找到神的盡頭」

這確實令人驚訝，因為不動者無法超越奔馳者。這裡說到太一的另外一個特徵。處太一之中，風，儘管其質並無堅固性以阻止物體降落，卻攜帶了水。這意味著受到萬有之主宰者、攝持者的支持，風，依靠主的能，帶動了太陽、雲、星辰。聖傳經有云：「華胥天人（Vasudeva），那最偉大的靈魂，其大能支撐著天空、日月、群星、空、十方，還有大地與海洋」。（《摩訶婆羅多》13.135.134）

巴臘提婆·維狄耶布莎那　譯注

太一無畏、至尊，比心更快。諸根無法抵近他。他遙遙領先。

他原地未動，已經超越一切奔馳者。風將眾生之動作奉獻給他。

對大梵或太一的認知導向解脫。但究竟誰是太一？此頌回答了這個問題。Anejat 意為「不抖、不動，無畏」。Ekamy 意為無對之一、無上之一。Manaso javiyah 意為「比心更快的他」，即無法抵近者。Deva 意為諸根、感官，比如梵天或其他天神的眼睛。諸根無法抵達太一，它們無法知曉。為什麼？因為他遙遙領先，且比心更快。此頌講到他的另一個非凡品質。雖然原地未動，他卻超越一切奔馳者，因為他無所不在。憑藉他不可思議的大能，他可以實現這些妙用。甚且，僅僅透過他的意志，風，宇宙中一切舉措作為的原因，支撐了一切眾生的行動。或者說，風將眾生之動作奉獻於太一。

巴克提維諾達·塔庫拉　譯注

超靈和個靈皆虛靈靜寂，超越物質，而其動比心更快。諸根無

法掌握他們，因為他們始終領先諸根。儘管心識欲追攀二者，卻無
法抵近。他們凝然不動，風為他們發起動作。

atma 指任何具有 atma 品質的存在：即個體靈魂（jivatma）和超我
（paramatma，至尊靈魂）兩者。至尊者、超靈是 vibhu-caitanya，強大的覺知
者；個體生命、個靈是 anu-caitanya，極微的覺知者。雖然 vibhu 和 anu 的區別
是永恆不變的，但二者在質上皆為一覺知者。吾人當據文本內容來理解其所指
為誰。在此頌裏，atma 意指兩者。此頌顯示，知覺體相對於粗細物質之優越
性。在粗和細的物質世界裏，心識是最快的，但它遠不及 atma。雖然個靈不
動，通過受取作為物質能量（maya-shakti）之一種表現的風或氣（prana），個
靈激活並發起動作。超靈本亦虛靈寂靜，卻透過其靈性能量（iccha-shakti 和
kriya-shakti，即意願力和行動力）而運化。

## 第五頌

> tad ejati tan naijati
>   tad dūre tad v antike
>   tad antar asya sarvasya
>   tad u sarvasyāsya bāhyataḥ

摩陀婆　譯注

　　一切畏懼他，他無畏一切。他至遠，然而又至近。他在一切之
內，又在一切之外。

《真諦本集》（Tattva-samhitah）有同樣的說法：「一切畏懼他，但赫黎
（Hari）無畏一切。因為他彌綸萬有。他既近又遠，既在內又在外」。

吠檀多·德濕迦　譯注

　　彼動而未動，至遠而至近。在一切之內，又在一切之外。

前頌所說者，出於巨大的尊敬，此頌又以另外一種方式表述之。那無所不
在的實體以前面所說的方式移動——比風更快，卻寂然不動；在眾神之中，卻
超越他們的認知；超越一切，雖然原地未動。看似在移動，但由於其本性，卻
又虛凝淵靜。彼至遠而又至近。遠或近視明與無明而定。故邵納伽云：「對於
敵視哥賓陀，貪戀欲樂者，大梵所處遙不可及。對於注心哥賓陀，全然皈依，
又捨棄欲樂者，須知大梵近在咫尺。」（《毗濕奴法》95.13.15）

有些物體被收納在其他物體之內，因此不在外面。有些物體被置於其他物

體的外面，所以不在裏面。自在主不屬於任何一種情況。無所不在的大梵（彼）在一切有情與無情之內。因為不受任何阻礙，所以自在主內在於一切，也毫無隔斷地存在於一切的外圍周遭。他同時也在一切物體的外面。正如他存在於萬物存在的地方，他也存在於萬物不存在的地方。這在附於《黑夜柔》的《奧義書》中有清晰的論述，其中講到千首之主，以明確最高知識的對象：

　　　　那羅衍那遍存於一切宇宙中被看到、被聽到的一切存有之內、之外。（《摩訶那羅衍那奧義書》）

　　　巴臘提婆·維狄耶布莎那　譯注

　　　他動而未動，既遠又近，在一切存有之內，也在一切存有之外。

　　因為理解前頌之所教頗難，此頌遂又論及 atma（自我，阿特曼）。超我（paramatma，至尊靈魂）動而未動。愚者或以為他動，但實際他並未曾動。或者「不動」可以意為他「不偏離法（dhrama）」。Paritranaya sadhunam，他隨時庇護他的奉獻者。他也遙不可及。無知之徒窮百萬年亦無法靠近他，如此他看起來遙不可及。然而他又近在咫尺，因為他處於知梵者心中。對於無處不在者，何來遠或近的問題？他不但無所謂遠近，而且內在於一切具有名相、作為的物體，並且只有他，同時又在一切物體之外，猶如空。

　　　巴克提維諾達·塔庫拉　譯注

　　　阿特曼既動又不動。他既遠又近，既在宇宙之內又在宇宙之外。

　　正如每一個物體具有其固有的能量，所以靈性的存在也有它自己的阿特曼能量（atma-shakti）。憑藉這種能量，所有在物質領域裏自相矛盾的品質在靈性存在中得以消解。動與不動是互相對立的品質，遠與近是互相對立的品質，內與外是互相對立的品質，凡此皆無法於物體中並存。然而，憑藉阿特曼不可思議的能力，它們卻可以在阿特曼裏面一體共存。

## 第六頌

　　　　　yas tu sarvāṇi bhūtāny

　　　　　　ātmany evānupaśyati

　　　　　　sarva-bhūteṣu cātmānaṁ

　　　　　　tato na vijugupsate

　　　摩陀婆　譯注

　　　見一切在我之中，又見我在一切之中，斯人無意保護自己。

Saukarayana-sruti 云：

> 見一切在超我之中，又見超我在一切之中，斯人無意保護自己，
> 緣其無所畏怖故。

吠檀多・德濕迦　譯注

> 如此，見一切在主之中，主在一切之中，彼絕不批評任何人。

前言一切以梵為其靈魂。此頌論及梵覺者之得益處。梵語 tu 一詞表明梵覺者之殊榮。此頌中 atma 意指一切存在中的內在靈魂（主，非個體生命），因為主不會收縮自己而為個體，並且談論的主題一直是至尊主。天地間一切其實最終皆安處於超我（Paramatma）之內。此即梵語 eva 一詞的意思所在。瑜伽士善巧冥思並持續（anupashyati）專注於此。「他在一切之中」意謂他彌綸萬有（毫不依賴它們），因為他不可能為它們所支撐。梵語 sa（他，梵覺者）為動詞之主語。洞見一切內外皆梵，他從不批評任何人，恰似對待其財富和親屬。他從不厭惡或侮慢任何人。

巴臟提婆・維狄耶布莎那　譯注

> 見一切在阿特曼之中，阿特曼在一切之中，彼不會仇恨任何人。

論述了主之後，現在講到崇拜他的方法。見一切存在，從幽冥未顯的自性（prakrti）到不會移動的草木，無論有知覺還是沒有知覺，皆在大梵之內，又見大梵在一切之中，如此見者不會仇恨任何人。這意味著此人已得解脫。

巴克提維諾達・塔庫拉　譯注

> 見一切在阿特曼之中，阿特曼在一切之中，彼不會向任何生靈
> 顯示嗔恨。

愛與恨是對立的。除非沒有恨，否則不會生愛。見一切與大梵相關者，沒有仇恨的對象。他輕而易舉地獲得了愛。

## 第七頌

> yasmin sarvāṇi bhūtāny
>  ātmaivābhūd vijānataḥ
>  tatra ko mohaḥ kaḥ śoka
>  ekatvam anupaśyataḥ

摩陀婆　譯注

> 眾生居於其內的勝我一直居於眾生之內。見勝我為多中之一併

證達者，何惑之有？

吠檀多‧德濕迦　譯注

見主彌淪萬有者還會有什麼幻妄與煩惱？彼於冥思中覺悟眾生皆為上主之部分。

巴臘提婆‧維狄耶布莎那　譯注

體一者還有什麼幻妄與煩惱？於彼知者而言，一切皆梵。

儘管這兩頌（6、7）可視為對於解脫者（mukta）如何看待世界的描述，根據文本所述，也意味著對渴望解脫（mumuksu）者的讚美。

所謂見（anupashyatah）意思是憑藉湧現於經典中的知識而見，或憑藉體現為崇拜主的知識而見，懷著對親證上主的強烈願望，崇拜主是所有經典的精髓。此頌不可視為出於三昧的現量親證，因為它所討論的是獲得覺證的方法（而非覺證本身）。《室利注》亦解釋這裡見（darshan 或 anupashatah）一詞意指「一個人所崇拜的對象」（而非親證或覺悟），在所有關於解脫方法的論述裏都是如此。

巴克提維諾達‧塔庫拉　譯注

若人見主為一切之一，此體一者尚有何悲何幻？

悲與幻與智慧相對立。當悲與幻存於內心，智慧不可能存留其中。猶如見一切與勝我相關者內心所有嗔恨煙消雲散，悲與幻亦隨之消失。是故必須建立與勝我的關係。

## 第八頌

sa paryagāc chukram akāyam avraṇam

　asnāviram śuddham apāpa-viddham

kavir manīṣī paribhūḥ svayambhūr

　yāthātathyato 'rthān vyadadhāc chāśvatībhyaḥ samābhyaḥ

摩陀婆　譯注

知主彌綸萬有之人臻達了主，彼無有哀傷，德性圓滿且永恆，無有粗、細之身，最能淨化，不為罪業所染。彼無所不知，掌握一切有情心意，最為殊勝，獨立不倚。此真宰永恆地創造了真實的客體。

《筏羅訶往世書》解說此頌云：

自在主被稱為 Sukram（光明的），緣其無悲傷故。他被稱為 avranam（無瑕疵），緣其永恆圓滿故。他被稱為 suddham（無身），緣其無細身故。他被稱為 asnaviram（無血脈），緣其無粗身故。他被稱為 kavi（智慧的），緣其知一切故。他被稱為 manisi（聰明的），因為他操控從梵天起的一切有情，甚至包括幸運女神。他被稱為 paribhuh（自生者），因為他從沒有託庇於任何人。至尊者借天理之流行創造了真實的世界，彼永恆而又變化，無始無終。自在主之頭為真常、覺明、喜樂。他的手臂為真常、覺明、喜樂。他的身體為真常、覺明、喜樂。他的足為真常、覺明、喜樂。僅僅憑藉著這樣一位具足圓滿德性的主的意願，摩訶毗濕奴創造了一個無始無終的真實宇宙。

吠檀多·德濕迦　譯注

以超然之眼，了知自在主的人，聰明睿哲，智慧超邁，於外物無所牽掛，臻達了自在主，彼獨立自顯，其身無瑕疵或血脈，其德性圓滿無缺，不為罪惡、虔誠、業力和無明所沾染。他仔思考世間一切，不斷檢視何者有利於臻達自在主，何者不利。

此頌再次描述覺悟天人者，通過清晰定義其所知的對象。明瞭大梵內在於萬有者（sa）將臻達（paryagat）如本頌所述的自在主。這是有理有據的，因為經論有說，知梵者臻達梵。或者也可以把此頌視為對修行者在三摩地中所體證之描述，比如像這樣的說法：atra brahma samasnute，於彼境中，他享受梵。（《由誰奧義書》）

他臻達了主，彼光輝燦爛（Sukram），獨立自顯，像光一樣。雖然至尊者為一切身中之靈魂，卻並沒有業報所造就的身體（akayam）。是故彼無瑕疵（avranam），亦無血脈（asnaviram）。彼無不滿足或無知之類的缺陷（suddham）。彼不受業力沾染，這業力表現為罪惡和虔誠，源出無明所招致的因果。同樣的說法也有：sarve papmano 'to nivartante，一切罪業不存彼內（《唱贊奧義書》8.4.1）。如此宇宙大我，與一切劣德相反對，當為渴望解脫者所臻達，並且因為他是那成就的原因，應該受到崇拜。

然後梵覺者被稱說為「超出諸根以外而有見者」。覺者具有深遠的眼力（kavi）。或者，kavi（詩人）意謂表達對自在主之覺悟的作品的創作者，例如

毗耶娑。能操縱人心者聰明，此即 manisi。有這種聰明的人被稱為 manisi。Paribhuh，意思是無所不在的人（不受身體之限制），或超過所有智者。或者，意為降伏難以降伏之貪嗔心魔者。Svayambhu 意指他無所掛礙，時刻觀照真我。仔思考世間一切，他長年專注於至高無上的目標、體證之方法及其障礙，以便清除障礙，直至證入大梵。

　　或者，也可以把主語定為至尊者，賓語定為個體生命。如此所有的詞諸如 sukram 一類皆指免於一切染污的純粹個體。Sa paryaga 意指無所不在的至尊者。其他涉及自在主的詞，比如 kavi、paribhu、svayambhu，皆易理解。自在主安置了世間一切真實的客體直至其毀滅，為了個體之解脫。它們不僅僅是幻相，如魔術師的魔術所變現者。

　　　　巴臘提婆・維狄耶布莎那　　譯注

　　　　智者臻達主，彼為無染覺性與喜樂，彼無身亦無血脈，彼純粹
　　無罪孽。自在主無所不知，聰明睿哲，獨立不倚，為一切有情之真
　　宰，已然永恆建立萬物。

　　本頌論說智者洞見阿特曼（atma）的結果。Sa 指前面諸頌所描述的智者。智者於智慧中證入超我（Paramatma）。宇宙大我之本性如何？彼為 sukram，具足無染覺性與喜樂。彼為 akayam，沒有用來感官享受的物質軀體。彼為 avranam，無瑕疵，圓滿無缺憾。彼無血脈（asnaviram）。彼為 suddham，不受污染，下面這兩個詞說得更清楚，apapa-viddham，彼無罪惡，亦無虔誠。雖然他無身，透過他彼可思議的能力，他創造、護持、壞滅宇宙。因此智者視阿特曼為永恆建立萬物於其實相者。彼之德性如何？彼無所不知（kavi）、聰明（manisi）、主宰一切（paribhuh），獨立不倚（svayambhu）。

　　　　巴克提維諾達・塔庫拉　　譯注

　　　　宇宙大我無所不在，純粹，無身，無瑕，無血脈，無假象，在
　　摩耶之外，無所不見，無所不知，獨立自顯，並且主宰一切。彼以
　　不可思議的能力，安置萬物於其天然種屬之中。

　　《薄伽梵往世書》闡明依賴自在主而存在的五大實體（padartha）：

　　　　吾人須知，所有物質元素、業報或命運、時間、業識以及受用
　　這一切的生命個體，無不憑藉他的慈悲而存在，一旦他不再關注，
　　一切乃歸於虛無。（《薄伽梵往世書》2.10.12）

　　五大實體按照其各自的本質加以區別。天啟經云：nityo nityanam cetanas cetananam eko bahunam：在永恆的實體當中，彼為首出的實體；在一切有覺知的生命體當中，彼為首出的生命體；彼為多中之一（《白淨識奧義書》6.13）。由此可知五大實體皆為永恆。但宇宙大我乃至高無上之永恆，緣彼為其他永恆實體之庇護故。他沒有物質的身體。他完美的身體始終靈性。他以其靈性能量實施所有行動。

## 第九頌

　　　　andhaṁ tamaḥ praviśanti

　　　　　ye 'vidyām upāsate

　　　　tato bhūya iva te tamo

　　　　　ya u vidyāyām ratāḥ

　　　　摩陀婆　譯注

　　　　以虛假知識行崇拜者墮入黑暗，單以真實知識（而非糾正虛假知識）行崇拜者墮入更大的黑暗。

《神龜往世書》解釋：

　　　　毫無疑問，崇拜毗濕奴之外的諸天神會墮入黑暗，但那些不批評他們的人更甚。那些以實相了知毗濕奴，遠離錯誤，同時又批評對毗濕奴持有錯誤見解的人，才是真正的奉獻者。通過批判充滿悲苦和愚昧的虛假知識，他們跨越了悲苦和愚昧。通過了知充滿喜樂和覺明的整全真理，他們獲得了喜樂和覺明。

　　　　吠檀多‧德濕迦　譯注

　　　　專注於履行職分而不求智慧的人墮入黑暗，那些單修智慧卻忽視履行職分的人墮入更大的黑暗。

　　前面講了培養智慧，其目標是稟賦奇妙能量的宇宙大我，與此同時又行業以為輔助。本頌批評了單修業行者和單修智慧者，並且論斷，唯有通過培養智慧同時實踐種姓—行期法，才能達到最高的目標。那些過度貪執享受和權力的人，一心行業而不求智慧，墮入深深的無明。在下面的偈頌裏，無明（avidya）和業（karma）是等同的：Avidya karma-samjna 'nya trtiya saktir isyate，有第三種能量，謂之無明或業（《毗濕奴往世書》6.7.61）。或者，他們不可避免地滑

入悲慘之境，緣其專注於功利、正法和欲樂，而非解脫。僅僅行業的人將承受持久的痛苦，經云：

> 那些修十八部低級業行的人專注祭祀，就像不穩定的船。愚蠢的人，以為這些就是最高的目標並樂在其中，最後得到的是輪迴生死。（《禿項奧義書》1.2.7）

那些只求智慧，放棄與其資質相匹配的業行，墮入比專注業行者更大的無明。iva 一詞表示無明的程度無法被恰當理解。U 跟 vidyayam 相聯，是故其意思是「那些僅僅求取智慧的人」。

巴臘提婆·維狄耶布莎那　譯注

> 單修業行者獲得愚昧，只求知識者獲得更大的愚昧。

本頌針對活著僅僅關心倫常日用的人，毫無前面所討論的自我認知。

本頌以及後面五頌批評了互相分隔下的業行和智慧，目的是做到知行合一。單單行業者，祭祀以求昇天堂者，墮入深不可見的黑暗。也就是說，他們要帶同軀殼經受生死輪迴。然而，那些僅僅培養非人格自我明（atma-jnana）的人，墮入比生死輪迴更壞的無明之境。

巴克提維諾達·塔庫拉　譯注

> 處於無知（塵世生活）者墮入黑暗。求取知識（追尋非人格性解脫）者墮入更深的黑暗。

宇宙大我具有不可思議的能量。對此經典有論。《白淨識奧義書》（6.8）云：parasya shaktir vividhaiva shruyate，自在主具足各種能量。其中之一謂之摩耶（Maya）。憑籍摩耶，宇宙大我創造了世界。摩耶之功用有二：明（vidya，知識）與無明（avidya，無知）。明的功能在摧毀物質。無明的功能在創造物質。致力於物質者處於無明之作用中，其靈性為物質之黑暗所覆蓋。

出離物質的人，儘管能夠摧毀物質（以明之作用），未必獲得主的靈性能量的庇護，除非踐行巴克提。如此，他們（專注於明）墮入黑暗之中，其間靈魂（atma）貌似被破除。如果個體生命未在世間建立與超靈的關係，便不能解脫於物質。一旦視世間品類之雜為可鄙而棄絕之，便會被空靈無質者所吸引，如此給生命個體造成巨大的障礙。諸神有言：

> 蓮花眼目之主啊，儘管承受峻烈苦行和懺悔以求獲得至高果位的非奉獻者，或許自認為已經解脫，但是他們的智慧並不純粹。他

們必從幻想的優越位置跌落下來,因為他們忽視了你的蓮花足。(《薄伽梵往世書》10.2.32)

# 第十頌

> anyad evāhur vidyayā-
>     nyad āhur avidyayā
>     iti śuśruma dhīrāṇāṃ
>     ye nas tad vicacakṣire

摩陀婆　譯注

據說一種結果來自正確的知識,另一種結果來自糾正錯誤的知識。智者如是向我們開示。

本頌闡說獲得解脫的方法。諸先師言,獲得解脫的方法有別於缺失智慧的業行,也有別於缺失業行的智慧。

巴臘提婆‧維狄耶布莎那　譯注

智者說,一種結果來自知,一種結果來自行。如是我等聞於智者,彼如是向我等解說。

本頌解說知(jnana)和行(karma)的不同結果。憑藉知,得到一種結果。憑藉行,得到另一種結果。從梵者認為,只有憑藉自我明(atma-jnana),吾人才能獲得解脫;另有學者認為,憑藉業行,能夠往生祖先星宿。如是天啟經有言:憑藉業行,去祖先星宿;憑藉智慧,去天神星宿。天神星宿乃最殊勝的地方,是故智者讚美智慧。(《廣林奧義書》1.5.16)如何能夠明白呢?我等聽聞於智者,彼為諸先師,向我等解說知與行,按照其實際的結果。這就是說,此經之授受從師承世系而來。

巴克提維諾達‧塔庫拉　譯注

超我之知不同於明(vidya)與無明(avidya)。我等如是聽聞於智者。

阿特曼(Atma)乃精神實體,有別於明和無明(二者皆為摩耶之功能)。超我(Paramatma)之自性力(svarupa-shakti)准許摩耶運行。如是超我為摩耶之主宰者。儘管個體生命也是一精神實體,卻性屬極微。

將髮尖一析為百,然後再把其中每一份分作一百份,是為靈魂之大小。(《白淨識奧義書》5.9)

從這句話裏，我們可以懂得，個體生命是極微生命力（anu-caitanya）。因為個體生命並非無所不能，所以最後不免為摩耶所制。在摩耶的擺佈下，個體生命開始痛苦煩惱。為無明所覆，他體驗到物質黑暗中的苦難折磨。當他託庇於明，冥思空靈無質之非人格性大梵，以求擺脫煩惱，於是陷入更大的痛苦。如是吠陀經有言：生命個體啊，去尋找有關阿特曼的真理，阿特曼不同於明與無明。」

## 第十一頌

> vidyāṁ cāvidyāṁ ca yas
>   tad vedobhayaṁ saha
>   avidyayā mṛtyuṁ tīrtvā
>   vidyayāmṛtam aśnute

摩陀婆　譯注

明與無明，兩皆通曉之人，通過破除無明──充滿了苦與癡，已然超脫苦與癡；通過明──充滿了智與福，獲得了智與福。

吠檀多・德濕迦　譯注

知行皆通，又知行雙修，以知輔行，透過履行使人得到淨化的職分，是人必跨越招致生死輪迴之因果業行。

本頌總結前面諸頌所論。掌握前述教導的人通曉明（包括崇拜超我）與無明（包括作為次要修習的業行並結合兩者不至互相衝突）。這裡說，他通曉兩者（saha veda），緣其無偏向地修習知行合一，以明為主，以業行為輔。如此，應該毫無偏見地看待兩者。

徹底跨越所有招致死亡的業報，履行賦定職分，以之為智慧的輔助，是人臻達絕無瑕疵的超我（amrtam），憑藉明（冥思超我）。amrta 指梵。Etad amrtam abhayam etad brahma：梵為甘露，為無畏（《唱贊奧義書》4.15.1）。

《室利注》（Sri-bhasya）把無明解釋為業行或賦定職分，作為智慧的輔助：

Avidya（無明）一詞意為 karma（業），即種姓──行期法所賦定的職分。作為跨越死亡的手段而被認知的無明，與明（vidya）相對反。avidya 排除了 vidya，猶如剎帝利一詞排除了婆羅門。所有知以外的行皆應屬於業的範圍。

其他說法也應考慮在內：

苦行和智慧給婆羅門帶來至高的利益。透過苦行，他摧毀罪業；

透過智慧，他享受大梵。（《摩奴法論》12.104）

還有的認為此頌推舉知行平等合一，使人跨越死亡、臻達永恆。作為回應，吾人當說，天啟經、聖傳經和《吠檀多經》，以及跟隨其後的《室利注》，明確說明業行和智慧有主有輔，並且只有智慧帶來解脫。

巴斯卡拉（Bhaskara）解釋，業行應附從智慧。然而，他認為業行也會直接帶來跟智慧相似的結果。這種說法偏離了經論，按照經論，業行為冥想之輔助（清除障礙，但並不直接讓人見道）。經學家不接受這種說法。

巴臘提婆・維狄耶布莎那　譯注

知行並修者，憑藉行，克服雜染；憑藉知，獲得解脫。

本頌講知行並修。智慧和業行應該齊頭並進，換言之，自我明（atma-vidya）和導向自我明的業行應一起修習，因為兩者互相輔助，指向同一目標。透過將行動比如火祭視為對主的奉獻，吾人克服了內心的雜染。一旦內心純淨，便能憑藉自我明而臻達解脫。

巴克提維諾達・塔庫拉　譯注

覺悟自我的人享有明與無明兩者的品質，憑藉無明，征服死亡；

憑藉明，享受永恆。

摩耶（maya，幻），作為明與無明兩者的庇護，並非完全有別於自在主的覺明能量（cit-shakti，靈性能量），而是其影子，一個修改。影子所具有的也存在於源頭實體裏面，以圓滿無漏的形式。如是，毫無疑問，明與無明的理想形式存在於覺明能量之內。如果追求靈性形式的生命個體注意破除物質之中明與無明的顛倒形式，那麼他就可以照見靈性能量裏的品質殊異。當他寄託於多樣性，便不會被毀於一味平等的物質之明。物質之明將個體生命帶離物質的多樣性，如此引領他證入永恆（amrta）。透過照見理想的靈性對應物（真實的客體和多樣性），無明（物質多樣性）轉變為理想的對應物（靈性的質與形式）。彼時生命個體，憑藉對自己的靈性形體和超我的靈性形體以及兩者之靈性關係的清晰覺悟，便能體驗到靈性的情味（rasa）。

## 第十二頌

andhaṁ tamaḥ praviśanti

　　ye 'sambhūtim upāsate

tato bhūya iva te tamo

ya u sambhūtyām ratāḥ

摩陀婆　譯注

把上主僅僅當作痛苦和無知的破壞者，而不把上主視為美好品質的創造者，這些人墮入黑暗。把上主僅僅當作智慧和喜樂的創造者，卻不把上主視為惡德的破壞者，這些人墮入更深的黑暗。

《神龜往世書》解釋：

不接受上主的創造性的人，墮入無明；不接受上主的破壞力的人，墮入更深的無明。了知上主兼為破壞者和創造者，充滿一切吉祥的靈性品質，這樣的人，憑藉知上主為破壞者，徹底擺脫軀體的束縛；憑藉知上主為喜樂和智慧的創造者，獲得喜樂和智慧。吾人須知，主瞻納陀那（Janardana）具足一切吉祥的品質，沒有任何缺陷。不應想像上主缺少任何此類品質。不應認為解脫的個體等同於或者無別於赫黎（Hari），或者個體生命可以等同於梵天以及其他傑出的個體。完全懂得從人到梵天到至高的毗濕奴之間有一個靈魂差序，是人獲解脫。

吠檀多·德濕迦　譯注

求解脫者若單沉浸於冥思以破除證主之途上的不利因素，不免墮入黑暗。但是僅僅冥思以求臻達主者，甚至墮入更深的黑暗。

前面已經講了自在主的本性：值得崇拜的至高生命體，以及工夫：崇拜超我，伴隨著次級崇拜（業），它導向目標的實現，也即臻達主。現在於三頌之內，開示了破除障礙、體證超我的過程，應以兩者綜合的方式修煉。在本頌裏，各自獨立修煉受到指責。Sambhuti，臻達主，在以下偈頌有論：

離開塵世之際，一個人如果毫無懷疑地認為他將臻達上主，那麼他肯定會實現至高無上的目標。商底黎耶如是說。（《唱贊奧義書》3.14.4）

從死去的身體裏解放自我，做完了該做的，我到達上主的世界（《唱贊奧義書》8.13.1）

Asambhuti 意思是破除當前的障礙。

巴臘提婆·維狄耶布莎那　譯注

崇拜幽冥自性者墮入物質無明，崇拜有相大梵者甚至墮入更深

的無明。

此處意在表明，兩種崇拜應一起修習，本頌批評排他性的只崇拜有相之梵或只崇拜無相之梵。sambhuti 為有生者，為果上之表現。如是 asambhuti 為因。幽冥自性（unmanifest prakrti）乃現象世界之因，乃無明、貪欲與業之種子。崇拜幽冥自性者墮入物質無明，緣其崇拜故。但是，若有人專注於崇拜 sambhuti 或有為梵（karya-brahma），以金胎（梵天）和其他眾神的形式，墮入更深的塵世黑暗。

　　巴克提維諾達·塔庫拉　譯注

　　崇拜上主的非人格性面相者，墮入無明；沉浸於物質者墮入更大的無明。

當一物失去其品質，就成為 asambhuti。由於毀滅或融合，asambhuti 出現。存思主空靈無質的非人格性一面，此輩乃 asambhuti 的崇拜者，他們墮入無明。當個體生命對自我存在的覺知消失，一切皆無從談起了。在那種境況下，根本不存在光明（因此被稱為無明）。投身於 sambhuti 或物質存在者，距離覺悟自我甚至更加遙遠，墮入更深的無明。

## 第十三頌

　　anyad evāhuḥ sambhavād
　　　anyad āhur asambhavāt
　　　iti śuśruma dhīrāṇāṁ
　　　ye nas tad vicacakṣire

　　摩多婆　譯注

　　知道上主是創造者，可得一功果；知道上主是破壞者，可得另一種功果。如是聞，聖者如是說。

　　吠檀多·德濕迦　譯注

　　先聖嘗言，臻達上主的方法，即非僅僅破除障礙，亦非冥思上主。我等如是聽聞於見道者，他教我們獲得解脫，透過結合兩種修煉。

　　巴臘提婆·維狄耶布莎那　譯注

　　智者說，一種結果來自於崇拜梵天，另一種結果來自於崇拜幽冥自性。我等如是聽聞於智者。

本頌論述單獨實踐兩種不同的修法得到不同的功果，目的是表明兩者應齊頭並進。智者說，一種結果來自於崇拜有為梵（karya-brahma）：墮入深深的無明。透過崇拜幽冥自性（unmanifest prakrti），得到另外一種結果：墮入無明（不像前者那麼深）。我等如是聽聞於聖者，他們闡釋了崇拜 sambhuti 和 asambhuti 的不同結果。

巴克提維諾達·塔庫拉　譯注

阿特曼（超我和自我）有別於物質（sambhuti）和超我的非人格性覺悟（asambhuti）兩者。我等如是聞於覺悟真理者。

創造和毀滅、表象和寂滅，sambhuti 或者 asambhuti，此類興趣皆與阿特曼無關。阿特曼不生不滅，緣其為永恆故。個體生命（Jiva）永恆，以為個體生命有生有滅的人，對個體生命一無所知。解脫意謂個體生命斬斷了他跟物質的關係。

## 第十四頌

> sambhūtim ca vināśam ca
> 　yas tad vedobhayam saha
> vināśena mrtyum tīrtvā
> sambhūtyāmrtam aśnute

摩多婆　譯注

上主既是創造者也是破壞者，知此者憑著知道上主是惡德的破除者而超越軀體的束縛，憑著知道上主是美德的創造者而獲得解脫。

吠檀多·德濕迦　譯注

修習破除不利因素、培養有利因素，憑著破除不利因素而跨越一切障礙，憑著培養有利因素而臻達上主。

前一頌講到真正的修煉有別於單修 sambhuti 或 asambhuti，本頌論述兩者應作為智慧的不同肢體而加以修煉。這裡講到了兩者兼修的結果，以建立其必要性。憑藉冥思破除不利因素而清除障礙，憑藉冥思 sambhuti 而證入大梵。為了推揚 sambhuti 和 vinasa 兼修，二者皆為智慧的輔助部分，本頌論述了作為主要部分的果，也就是智慧。

另一個含義可以是，vinasa 僅指破除驕傲、偽善、暴力、偷盜以及外在感官的作用。憑藉運用破除障礙的輔助性修煉，乃清除作為三昧之障礙的罪業，

由此三昧圓滿（sambhuti），臻達上主。

巴臘提婆・維狄耶布莎那　譯注

　　崇拜幽冥自性，同時又崇拜梵天，通過崇拜梵天獲得諸種能量，
通過崇拜幽冥自性融入幽冥自性。

同時崇拜兩者比較好，因為它們滿足不同的需要。Vinasam（可破壞的）
意謂變化無常的金胎（hiranyagarba）。Vinasam 是一種品質，然而無異於它所
代表的實體-sambhuti。Sambhuti 和 asambhuti 兩皆崇拜的人，透過崇拜金胎獲
得能量和美德，透過崇拜幽冥自性獲得一種相對的解脫，以融入幽冥自性的形
式。須知 Sambhuti 和 asambhuti 兩皆崇拜的人，能夠獲得虔誠果報，比如神通
力（透過崇拜 Sambhuti）。

巴克提維諾達・塔庫拉　譯注

　　懂得阿特曼（atma）兼具接納（Sambhuti）和破壞（Vinasa）兩
種能力，透過破壞物質而征服死亡，透過接納靈性品類（Sambhuti）
而享受永恆。

世俗交往是個體生命接受束縛與輪迴生死的原因。破除塵世捆綁的人超
越了死亡。然後，他在豐富多彩的靈性存在或 cit-sambhuti 裏面享受靈性的喜
樂。倘若他破除了物質（asambhuti 或 vinasa），但未能證入靈性世界之萬殊
（sambhuti），那麼他就失落了。

# 第十五頌

　　　　hiranmayena pātreṇa

　　　　　　satyasyāpihitaṁ mukham

　　　　　　tat tvaṁ pūṣann apāvṛṇu

　　　　satya-dharmāya dṛṣṭaye

摩多婆　譯注

　　毗濕奴啊，你的身體被光輝燦爛的太陽遮蔽了。請移開這遮蔽，
好讓你的奉獻者看見你的形相！

《梵卵往世書》中亦有類似偈頌。

Hiranmaya-patram 指太陽。主毗濕奴的面孔總是為其所覆。此處稱呼毗濕
奴為 pusa（養育者），因為他完足圓滿，向奉獻者示現其妙相。

奉獻者被稱為 satya-dharma，因為持載了被稱為 Satya 的上主，他的內心

充滿美德。

吠檀多·德濕迦　譯注

生命個體的心意被強陽和濁陰鑄成的金蓋所遮蔽。上主啊，虔敬的護持者！請移開這覺悟你的覆蓋，覺悟你乃是純粹靈魂的天命。

15～18 頌所教的曼陀羅，應為專注於踐行梵明及其業分的人所使用，直至臻達究竟歸趣。這些曼陀羅裏的各種名號比如普善（pusa），肯定僅指超我（paramatma）。它們或者直接具有這種意思，或者起指示作用，因為宇宙大我乃是諸神的生命。如果情況是這樣，那麼這些曼陀羅透過諸多名號比如閻摩（Yama）、蘇利耶（Surya），僅僅指向一個讓人歡喜的對象。在第一首曼陀羅裏面，奉獻者向被稱為普善的上主祈禱，破除冥思上主的障礙，這在前一頌裏已經作為 vinasam 被提及。Satya 指個體生命。《泰提黎耶奧義書》2.6 云：

進入世界之後，上主變化為個體生命（satya）和物質（anrtam）。

《大林間奧義書》2.3.6 云：

個體生命被稱為真實中的真實，乃真實之精髓。個體生命就是誠（Satya）。

Mukham（頭）指個體生命的心，處於頭部，為諸根所依賴之器官。個體生命之心，為強陽所覆蓋，緣其所表現出的強大執著，被比做黃金容器，阻礙了對上主的冥思。儘管居於內心的神我近在咫尺，強陽氣性遮蔽了對神我的觀照。雖然這裏只提到強陽，實際濁陰也包括在內。或者，黃金一詞也可以指各種源於業行的享受。給予庇護的滋養者啊！請移走心上的覆蓋。為什麼？移走心上的覆蓋，好讓他得見上主。這洞見是個體生命的天性（satya-dharmaya）。

巴臘提婆·維狄耶布莎那　譯注

上主之妙相為太陽之光所覆蓋。養育者啊，請揭示你的真身，好讓你的奉獻者看見你。

在古魯向合格的弟子講述宇宙大我之身相後，弟子開始獻身於對上主的無私崇拜，以圖直接遇見上主，從而臻達解脫之境。這在前面諸頌裏已經講到了。但是僅僅憑藉聽聞、冥想等並不足以直接遇見上主，只是遇見上主亦不足以獲得解脫。唯有獲得上主的恩慈，才能臻達上主。《奧義書》的總結性偈頌展示了祈求上主恩慈的方法，如此透過聽聞和冥想便可以體認上主，進而解脫於塵世羅網。

本頌講到崇拜上主之大日身。太陽被稱為一容器，因為陽光住於其內並得其滋養，或者說人類是從它這裡來吸納、接受陽光。憑藉光輝燦爛的太陽星球，不可摧毀者、居於太陽之中的至尊主的面孔被遮蓋起來。滋養奉獻者的人啊，宇宙大我啊（從內心滋養），你一定要露出面孔。為什麼？為了讓如我一樣的奉獻者直接認知你。這是聖者的祈禱。

　　巴克提維諾達·塔庫拉　譯注

　　神我之相為一光球所遮蓋。太陽啊，請移開這遮蓋，好讓我們

看見神我之本性及其不朽功德。

至尊者啊，你是靈性的太陽。我是你至為微小的光塵。雖然我能看，你的光不允許我看到你永恆的身相。如此，無法看到你奇妙的功德，我依然被摩耶的能量所覆蓋，這摩耶是覺明能量（cit-shakti）也就是你靈性能量的影子。請你大發慈悲，移開這光輝燦爛的覆蓋。然後微小的靈魂才能看見你永恆的身相。偉大的奉獻者那羅陀見此妙相說道：光明中有夏瑪遜達爾（shyamasundara）那無可比擬的形象（《那羅陀五儀軌》1.3）

## 第十六頌

　　　　pūṣann ekarṣe yama sūrya prājāpatya

　　　　　vyūha raśmīn samūha

　　　　　tejo yat te rūpaṁ kalyāṇa-tamaṁ

　　　　　tat te paśyāmi yo 'sāv asau puruṣaḥ so 'ham asmi

　　摩多婆　譯注

　　養育者啊，智慧化身，至高主宰，奉獻者的目標，梵天的目標！

延展智慧於我身，增強我的諸根之力，好讓我看見你的莊嚴妙相。

那在太陽裏面的上主也作為 Aham（無法被拋棄者）和 Asmi（尊重個體生命之永恆存在者）臨在於生命中。

《梵卵往世書》云：

　　毗濕奴被稱為 ekarshi，因為他是智慧的首要形式。他被稱為Yama，因為他掌控一切。他被稱為 surya，因為他是奉獻者（suris）的目標。他被稱為 prajapati，因為他尤其是始祖梵天的目標。他被稱為 aham，因為他無法被拋棄。他被稱為 asmi，居一切存有之內，因為他尊重個體生命之永恆存在。但是至尊者依然獨立於一切個體生

命之外。

他被稱為 kratu（17 頌），因為他是智慧之形式。他被稱為 agni（18 頌），因為他是身體中的指引者。

本頌裏面，梵語 asau 來自 asu（生命）。是故 asau 意謂「在生命中，或在氣息中」。

吠檀多‧德濕迦　譯注

上主啊，至高無上的養育者，照見一切的上主，萬事萬物的主宰者，智慧的賜予者，一切有情的統治者！請求你移開遮蔽你妙相的燦爛光芒，請求你收起你輝煌的身光，好讓我看到你最最美好的身相！居停於我之內的超我，就是那個太陽裏的人。

描述了對上主的洞見之後，奉獻者祈求獲得如是體認。Pushan 意為養育者。Ekarshi 意為超越感官認知的至高觀照者。Yama 意為內心真宰。Surya 意為激發智慧者。Prajapati 意為所有梵天後裔的內心統治者。

請移開遮蔽你形象的燦爛光芒。收起你輝煌的身光。讓我看見你的妙相，它是所有吉祥的庇護所，比所有美者更美。此身相在各種天啟經裏被描繪，使用這類詞，比如 aditya-varnam（璀璨如太陽）。

下面是對冥思上主的描述，使用了 aham 一詞。反覆使用 asau，表達了對上主的無比尊崇。

Purusha 意思是有德比如圓滿（purnatva），先萬物而存在者（purva-sattva），其身有太陽之光色者（aditya-varnam），以摩訶補魯沙（maha-purusha，無上原人）之名著稱於《原人歌》諸頌中，此名出現於所有吠陀中。

透過個我（Jiva），Aham 意指個靈之內的超我（paramatma，超我是個體靈魂的靈魂）。短偈 tat tvam asi 亦應做如是解，意思是「你（tvam）內在的超靈是（asi）那至高無上的覺知者（tat）。」

有些人認為 tat tvam asi 和 so'ham asmi，乃教人以無功德不二之梵，透過破除因（自在主）與果（個體生命）之虛假幻相。然而，就像一把刀子，asmi 一詞破除了這種概念，因為它指「我存在」之狀態，即使解脫之後。

巴臟提婆‧維狄耶布莎那　譯注

養育者啊，睿智的聖者，真宰啊，奉獻者崇拜的對象，毗濕奴啊！撤回你的光芒，移開你的光輝，好讓我能夠看見你的妙相。那在太陽中的形體也臨在於其他形體中。我就是他（so'ham）！

巴克提維諾達·塔庫拉　譯注

普善啊，第一聖啊，太陽神啊，始祖啊，移開你的光芒，收縮
你的光輝。這樣我就能看見你最最吉祥的妙相。我夠資格見到它，
因為你，至上原人，以及超靈，你在物質世界的分身，還有我們個
靈，本質皆為靈性。如果你慈悲，我就能看見你。

　　儘管你是圓滿上主，你作為補魯沙—摩耶之主宰，進入世界。你運用種種
能量節制摩耶。身為這些能量的庇護所，你被稱呼為普善、第一聖、閻摩、太
陽神、始祖。身處物質世界，我思念這些形象，渴望看見你永恆的身體。當你
慈悲，我也變得夠資格，我就能看見你的妙相。所有善德皆在你永恆的身體裏
面。你已然置我於靈性真身。憑藉你的慈悲，我才能夠看見你永恆的妙相。

# 第十七頌

vāyur anilam amṛtam
　athedaṁ bhasmāntaṁ śarīram
　oṁ krato smara kṛtaṁ smara
　krato smara kṛtaṁ smara

摩多婆　譯注

軀體雖已化作灰燼，氣息卻永生不滅，緣其為永生不滅之主所
護持。這就是永恆上主的力量！無所不知的主啊，請加我以慈悲，
記住我對你的奉獻。

　　承接前一頌，因為上主在氣息（vayu，風、風神）中，所以氣息也變為永
生不滅。何況上主本人呢？氣息被稱為 Anila，緣其為上主（a）之所居（nilaya）。
《羅摩本集》云：

風神也被認為永生不滅，因為他有無比高明的智慧。但首要的
永生者是毗濕奴、神我、羅摩。

《梵論》云：

呼喚上主記憶，只能意味著「給奉獻者仁慈」，因為上主永遠無
所不知。

吠檀多·德濕迦　譯注

個體生命像風一樣四處飄蕩，沒有長久的庇護所。但彼永恆，
而物質軀體是無常的，死後化作灰燼。上主啊，個體生命和軀體的

　　主人！為祭祀和智慧所打動的主啊！憑著你的慈悲，請記住我！記
　住我為你做的一切服務，並且補償我所遺漏的一切！

　　這裡描述了個體生命在其純粹狀態下的本性。阿特曼被稱為風或氣息，因
為其性遊走不定，一皆按照知與業，猶如飄風。阿特曼被稱為 anilam，緣其無
止息不安定故。即使死亡來臨，軀體遞變，阿特曼本性不死永生。《唱贊奧義
書》8.1.5 云：

　　　阿特曼無罪業、無年齡、無死、無悲、無饑渴、無虛偽、圓滿
　自足。

　　不可只憑 vayu、anilam、amrtam 這些詞語，就認為本頌所說為第二種元
素（風，在空之後）。這跟前後頌的內容不合。儘管憑藉特殊的運用或隱喻，
這些詞語也可能指宇宙大我，因為下面的陳述裏提到了無常的軀體，所以這些
詞語肯定僅指個體生命。認為 vayu 指氣息（prana）也是愚蠢的，因為氣息也
是物質的。《白淨識奧義書》談到受用者和被受用者，描述個體生命為受用者，
為 amrta（永恆）。

　　　物質（pradhanam）無常，而生命（harah）永恆、不變。一個上
　主，統治物質和生命兩者。（《白淨識奧義書》1.10）

　　　無明者（avidya）無常，明者（vidya）永恆。統治這兩個的，跟
　這兩個不同。（《白淨識奧義書》5.1）

　　論述了靈魂永生不滅的本性之後，下面講到軀體不可避免的死亡。《火神
往世書》157.29 於此有說：

　　　恒河沙或因陀羅雨水滴猶可數，世間已入滅梵天之數不可數。

　　《摩訶婆羅多》2.35.29 云：

　　　當梵天與所有人皆毀滅，當諸星辰與一切動、不動者皆毀滅，
　當宇宙終劫，萬物皆融入自性，至尊者那羅衍那，眾生之靈魂，獨
　立自存。

　　Idam（此）一詞把物質軀體跟上主和永恆解脫的靈魂的身體區分開來，兩
者皆為永恆，如經典所說。Bhasmantam（化作灰燼），指死後為屍體舉行適當
的儀式（文明人所當為）。或者可能指一般性處理之外的其他情況，比如被蟲
吃掉。Sarira 意思是「其本性可滅者」（源於 sarana，殺死）。

　　提及有覺知者和無覺知元素之間的分別以後，Om 一詞被用於指稱上主，
彼為兩方之激發者。《白淨識奧義書》1.12 云：「思考受用者、被受用者，以及

激發者。」《阿闥婆吠陀》如是論述字母 Om：

> 若有人使用由三個音節構成的 Om 冥思無上主，必得升登太陽
> （然後上達無憂珞珈）。（《菩羅施那奧義書》5.5）

《瑜伽經》1.24、26、27 云：

> 無上主是一個特殊的人，遠離無明、業行、業報與業識。彼為
> 古聖之師，緣彼自古固存故。彼為梵字 Om 所代表。

故此無所不知的濕婆說：

> 婆羅門啊，不斷持誦梵字 Om，冥思上主凱捨閥。

薄伽梵克里希那說：

> 口誦代表無上主的梵字 Om，冥思我。（《薄伽梵歌》8.13）

如是 Om 在所有經典裏都被視為上主的代表。

然後，奉獻者，為了吸引上主的注意，祈求他的慈悲，彼以克拉圖之相現身，可為智慧和祭祀所打動。上主被稱為克拉圖（kratu，意為智慧或祭祀），緣其為智慧與祭祀之精華。Aham kratur aham yajnah：我是吠陀祭祀和傳統祭祀（《薄伽梵歌》9.16）

或者，按照當前的語境，kratu 可以指冥思。例如《唱贊奧義書》3.14.1 云：

> 若有人於此世冥思（kratu）上主，死後便可以臻達上主。是故，
> 人當冥思上主。

上主是奉獻者冥思的對象。《筏羅訶往世書》云：

> 凱耶舍閥啊，內心充滿情感的你，難道不記得你的奉獻者了嗎？
> 我記得，我的奉獻者，已死如木石一般，我要帶他回到靈性世界

因為上主直接想起一切（無需任何提醒或記憶），「難道不記得你的奉獻者了嗎？」一語，意思是上主應該簡簡單單地把奉獻者先前所做的一切視為服務。同樣，在本頌 krtam smara 一語裏，奉獻者請求上主檢視他從前的服務，「請記住我為你做的哪怕微不足道的服務。因為你知道凡我所做的一切，請護佑我！」或者，意思可以是「總結我為了取悅你而所做的一切，只有你能補足那欠缺的部分。」《摩訶婆羅多》12.336.68 云：

> 上主眼光所加披的世人，應被認為是中和性人（sattvika），肯定
> 將得解脫。

上主本人，薄伽梵克里希那說：

> 對於那些以愛心不斷服務奉獻我的人，我給予他能來到我面前

的覺解。

　　krato smara krtam smara 裏的重複，顯示奉獻者催促上主盡快行動。

　　巴臟提婆·維狄耶布莎那　譯注

　　就讓細身融入最細微的元素，就讓軀殼變成火中灰燼，上主啊，給我祝福！心意啊，幫我記憶上主。上主啊，請記起我的所作所為。

　　奉獻者在此禱告：「當我死去之時，願我的生命之氣放棄軀殼，融入風中」。生命之氣（prana），表示由 17 種元素構成的細身（十根、一心，五唯、我慢）放棄有限的粗身，融入所有情命合成之普遍意識，即大諦。禱告的意思是：希望上主把經過智、業淨化的細身從粗身剝離，讓細身融入大諦（mahat-tattva）。然後讓粗身在火中化為灰燼。

　　在崇拜中，OM 被認為無異於梵，它也被稱為火（見下一偈），乃純粹的靈性存在。具有意志力的心意啊，死亡迫近，記憶那值得記憶的！上主啊，請記起我曾經崇拜過你，作為梵行者和居士；請記起我踐履過的所有職分，從童年到現在。反覆陳說顯示出巨大的尊崇。

　　巴克提維諾達·塔庫拉　譯注

　　願我身體中的生命之氣獲得永恆，轉化為靈性世界裏的靈性之氣！細身離開之後，就讓粗身焚為灰燼！心意啊，記住你該做的。記住你所做的。

　　在純粹的巴克提（bhakti，虔信）中，為了解脫於塵世而祈禱並不合適，這類禱告源出識染巴克提（Jnana-mishra-bhakti），乃通向純粹巴克提的門徑。此偈中有巴克提的記憶，伴隨著解脫的渴望。

# 第十八頌

　　　　agne naya supathā rāye asmān

　　　　　viśvāni deva vayunāni vidvān

　　　　　yuyodhy asmaj juhurāṇam eno

　　　　　bhūyiṣṭhāṁ te nama-uktiṁ vidhema

　　摩多婆　譯注

　　居於身內的領袖啊！引領我們走上解脫之正途。上主啊，你曉得我們懂得多少。拿走使我們墮落的罪業。我們向你致敬，懷著智

慧和神愛。

Vayunam 意思是智慧。這種用法可以在《薄伽梵往世書》裏找到：tvad-dattaya vayunayedam acasta vishvam，憑藉你所賜予的智慧，梵天看見了整個世界（4.9.8）。Juhuranam 意思是：「那使我們墮落的」。Yuyodhi 意思是「隔離我們」。如是整個句子的意思是：「拿走使我們墮落的罪業」。《塞建陀往世書》云：

> 摩奴，那王者，向雅吉耶拿（Yajna）禱告：拿走讓我們看起來
> 非常渺小（以及輪迴轉世）的罪業，引領我們趨近解脫之寶藏。

吠檀多・德濕迦　譯注

> 眾生的領袖啊！逍遙的玩主！你無所不知。帶我們趨近智慧，
> 透過產出足夠財富以維持身體的修法。破除讓我們產生狡詐的障礙。
> 我們向你致敬，口中不斷說著「南無」。

本頌顯示已經臻達欲望的對象——上主，這裡被稱為 Agni，火神，因為上主透過火神的身體行動。《大林間奧義書》3.7.5 云：

> 不朽上主作為宇宙大我居住於火裏面，在火神之內，為火神所
> 不知者，火神為其身體，彼從內裏控制火神。

上主也可以直接被稱為火神，因為 Agni 意思是「前頭引路者」（agra-nayana）。是故《大梵經》1.2.29 云：迦彌尼稱 Agni 可以表示至上梵，沒有任何矛盾。

在我們身上呈現智慧，用正確的方法，用毫無妄作的方法，由此獲得充足的財富來崇拜你，來保護我們的身體，為了認知你。或者，根據上下文，財富（dhana）可以指靈性的財富，如《摩訶婆羅多》12.17.18 所說：

> 賺取穩定的靈性財富，這財富無法被盜竊，無法被君主的權力
> 消解，無法作為遺產被分割。

> 無所貪執的迦納卡說：我的財寶無窮無盡，雖然我一無所有。
> 就算米提拉全部被焚毀，屬於我的毫髮無損。

> 根據邏輯學，按照特定的文本內容或其他考慮，一個曼陀羅可
> 以有若干個正確的意思。

> 上主啊，你具足美妙的逍遙，你將以之賜予渴望它的我們！在
> 我們，你純粹奉獻者的心中，立下僅僅向你皈依的目標，透過獲得
> 財富即各種智慧的適當方法。

本頌中，vayunani 意思是「以智慧為主的各種方法」。因為上主你無所不

知，包括根據我們的資格達到人類生命的四大目標所使用的所有方法，你當引領全體無知的我們，走向你。讓我們遠離罪業，破除使我們無法看見你的障礙，包括忽視該做的，做下不該做的。這些罪業以不可思議的邪曲壓迫我們，使我們受捆綁於塵世。我們再三向你致敬，反覆念誦 OM，讚美你的德性，比如你是眾生唯一的依靠。Moksha-dharma 表明，甚至已經解脫的人也如此致敬。《摩訶婆羅多》12.323.36 云：「白島之民，聚集一處，向那光奔去，雙手上舉合十，滿懷敬意和歡喜，發出一個聲音——南無（nama，向你頂禮）。Ukti，口中發聲，指出即使只是口說南無，沒有以心或身體頂禮，上主也會被取悅。

如此，描述了上主的存在、力量、對於他的崇拜及結果之後，這部作品圓滿收尾。

憑著哈耶格黎筏的慈悲，吠檀多·德濕迦，出生毗濕筏彌陀羅種姓，為了博學於經典者的快樂，寫下了這篇有關《伊莎奧義書》的注解，以此利益世間。這部奧義書出現於《夜柔吠陀》之末，澄清了有關上主的各種不明。

《伊莎奧義書》完全不贊同以下哲學：所有靈魂為一，所有靈魂都是至上梵，雅達筏·缽羅喀剎和巴斯卡爾的不一不異哲學，耆那教和佛教的哲學，論說解脫缺少必要性以及畏懼物質存在為虛假的哲學。

巴臟提婆·維狄耶布莎那　譯注

逍遙之主啊！火啊！引領我們走向通往解脫寶藏的光輝道路。

你曉得我們所有的行為和思想。摧毀那讓我們偏離你的罪業。讓我們反覆向你頂禮。

在祈禱直接與主相見之後（15、16 頌），奉獻者向被稱為火的主祈求解脫。

巴克提維諾達·塔庫拉　譯注

火啊，淨化者！帶領我們走上通往最高靈性寶藏的正途。上主啊，你明白我們知識的程度（有關世界以及出離其中的知識，有關無上者與奉獻的知識），請帶領我們去那裡。摧毀障礙我們的罪業。

我們反覆向你頂禮致敬。

一旦生命個體憶起從前的罪業，就會憂慮解脫之獲得。如是他稱呼純粹神我為火。火的淨化能力來自於上主。彼時生命個體發現，除了以適當的智慧和捨離奉獻於上主，其他沒有方法。於是他如此祈禱。智慧意味著有關於無上者的道（vijnana）。憑著有關宇宙的知識，吾人可以獲得對無上者更高的認知。憑著有關於無上者的道，吾人可以獲得般若（prajnana）或巴克提。《大林間奧

義書》4.4.21 云:

瞭解無上者之後,汝當實踐巴克提。

吾人尤應思考以下偈頌:

嚴肅敏求的弟子或聖者,以智慧和出離心裝備自己,根據彼所
聽聞於《吠檀多經》者,做出奉獻服務,由此覺悟絕對真理。(《薄
伽梵往世書》1.2.12)

# 附錄二：薄伽梵歌

## 觀緣起第一

狄多羅史德羅曰：

於此聖地俱盧之野，士咸集而兵欲會；吾子與般度諸子，桑遮耶！彼等胡為？

桑遮耶曰：

邦君杜瑜檀那，睹般度氏之陣，乃趨阿闍黎前，如是以言勸勉：

阿闍黎！觀彼般度諸子之陣，法度嚴密！

此君之弟子所為，彼圖魯波陀之子。

庾庾檀那、維羅闍與圖魯波陀，力敵萬夫，皆英雄而善射，堪與毗摩、阿周那角逐。

特黎史特闍圖、車奎丹那，弗盧支與琨緹波遮諸將，莫不勇冠三軍，更兼伽尸之王。

尤坦曼羽剛強而不可凌，

烏闍摩遮勇武而不可制，圖魯波提與須跋陀羅之子，並萬夫不當之猛士。

而我軍之良將，精銳君亦當知！

無上之再生者，吾說與君為諏諮。

吾師、毗史摩、喀爾納與喀勒波，皆不敗之統帥，阿史華闍摩、維喀爾納與布爾斯華勒，率常勝之將軍。

餘者猛士甚眾，為余皆欲捐生，諸般兵器咸備，悉嫻習於戰陣。

我軍強不可測，護軍者毗史摩；敵軍弱而有窮，護軍者惟毗摩。

爾等其於諸陣門之前兮，各守其位！

唯毗史摩是保兮，諸將拱衛！

彼時猛士之父、俱盧之祖兮，高吹戰螺，作大聲如獅吼兮，鼓君心以振作。

援玉桴以擊鼓，戰螺畫角紛起，紛總總兮頓作，雷填填兮動地。

爰乃駕以白馬兮，御乎火神之車，薄伽梵與其友阿周那兮，亦各吹響天螺！

克利須那鳴其「巨人骨」兮，阿周那吹其「天施」；力士毗摩號「狼腹」兮，吹響其巨角「匏茶羅」！

貢蒂之子尤帝士提爾，吹其螺「勝無涯」；那拘羅與薩賀提婆，各鳴其螺「妙聲」與「珍珠花」。

伽尸王善射，施康蒂善御，特里士多摩那、維羅闍、與薩底亞基，無往而不勝。

圖魯波陀、圖魯波提諸子，及須跋陀羅之巨臂子，彼婆羅多諸王，齊鳴戰螺！

聲激越兮衝天，氣飛揚兮浩蕩，狄多羅史德羅諸子兮，心魂俱喪！

布列成陣兮狄多羅史德羅諸子，咸揮戈而欲合，車樹猿幟兮般度之子，將引弓以待射。

遙望狄多羅史德羅諸子，阿周那謂克利須那曰：

不敗者，駐我車於兩軍之間！

俾我得觀彼等兮，躍躍欲戰，竟誰與我周旋兮，兵戈相見！

俾我得覽此眾士兮，咸集於斯盟會，列陣而與予戰兮，惟狄多羅史德羅諸狼子是媚！

桑遮耶曰：

婆羅多之苗裔！

古陀開士既如是言，赫黎史基士遂御彼瑤象之車，駐於兩軍之間。

面朝毗史摩與陀拏，以及諸邦君王，克利須那曰：

觀之！帕爾特！俱盧之眾！

於是帕爾特得見：

父輩、祖父輩，母舅輩、師輩，兄弟子侄輩、孫輩、姻親

以及諸朋友至交，皆林立對壘於兩軍之間。

深憫惻而悵望，貢蒂之子愀然而作語。

阿周那曰：

克利須那！

此皆我之親故，爾今反目為敵。

令余四肢發顫，口唇為之焦蔽！

身毛為豎，身體顫抖，肌膚如灼，長弓脫手。

余幾不能自支，心飄搖而無方，闍攝魔之屠者，余見眾兆之不祥！

克利須那！

誠不知果何益，殺親友於疆場，余既不忍戰勝，亦不求國土與榮光。

歌賓陀！王國與我何有？

福樂以至性命將奚若？

余求國土、福樂與性命兮，實為彼等之故；而彼等方列陣以待予兮，棄性命與財富於不顧，彼等皆余父輩、祖父輩，母舅輩、師輩，兄弟子侄輩、孫輩、姻親以及諸朋友至交。

余不欲殺彼等，雖余身而被戮。

縱畀三界不為，況得此土而王？

殺狄多羅史德羅諸子，奚足以為樂康？

我輩不當戮彼兮，彼等我之宗族；如是適陷於罪惡兮，摩闍婆！戮宗親奚為有福？

雖彼等競進以貪婪兮，不見弒殺親友之罪愆。

瞻納丹那！

我輩固知滅族之惡果。

然則胡為乎不戢？

庶幾得免於斯難！

家族毀兮宗法廢，宗法廢兮邪法張。

邪法張兮女失貞，女失貞兮劣種生。

劣種生兮地獄臨，祖靈殞兮祭祀湮。

宗法毀兮種姓淆，百事廢兮家業隳。

瞻納丹那！

彼壞滅宗法之人，將入地獄而永淪。

嗚呼奇哉！

我輩居然剪戮宗親，自陷於大罪！

以圖有國之盛。

吾寧垂手而不加拒，任由狄多羅史德羅諸子揮刃屠我於沙場！

桑遮耶曰：

臨陣前既作是語，阿周那頹坐於車，擲利矢兮棄長弓，心鬱邑兮獨哀慟！

## 般若第二

桑遮耶曰：

見彼太息掩涕，心哀惻而不懌；摩度魔之屠者，乃慷慨以陳詞。

室利薄伽梵曰：

阿周那！

何自而心生污穢？

此非君子之操守。

固背夫昇天之路，適為譏謗之所投！

毋自陷溺於孱弱，此與爾名分相異，速棄卑俗之愁態，帕爾特，起而克敵！

阿周那曰：

陀拏、毗史摩，皆我所敬仰，阿利蘇陀那！

余安能發矢，與彼對射於疆場？

寧為丐而出世，弒靈修余不忍，雖馳騖以追逐，固皆余之親師。

平生皆為血污，若彼為餘所弒！

為彼所勝，抑我勝彼？

二者皆苦，不知孰愈，於焉對峙，狄多羅史德羅諸子，屠戮彼等，余不欲生！

徒哀憫以蔽性，心猶豫而淒迷，請君為余決疑，余今皈依為弟子！

何以去哀慟？

焦灼余諸根，揮之而弗逝，何有於得上國與夫諸天之權柄？

桑遮耶曰：

克敵者古陀開士喟然而歎，「余不能戰兮歌賓陀！」

既作是語兮鬱鬱無言。

婆羅多！

睹阿周那之忳忳，薄伽梵破顏微笑，乃於此兩軍之間，提示真性以相教。

室利薄伽梵曰：

爾憂所不當憂，尚作明哲之言；智者不傷已逝，亦不憂乎生前。

過去余豈或亡，爾與諸王亦是；未來余豈或亡，爾與諸王亦是。

如一身之經歷幼少壯衰；神魂轉世而復得一身。

於斯不惑兮智者所明。

貢蒂之子！

人與物境相交接，感苦樂猶經冬夏；皆有來去而無常，會當不動以堅忍。

無所住於苦樂，心無累而平等，嗟爾人中英傑！

乃堪入乎永生。

無有者非有是，已是者非無有；之二者之究竟，見道之士所授。

遍漫軀體者不可滅；不滅者人無能滅。

彼不朽者，身內居停，不生不滅，不減不增；身有生滅，旋滅旋生，婆羅多兮，何惜一命！

或以此為能殺，或以此為所殺；二者皆入無明，魂非能亦非所。

未嘗或生，亦未嘗死，非是已是，又非將是，無生不死，長存泰始，身雖被戮，魂不可弒！

孰知神魂，不滅不生，永無變易，不壞常存；彼焉能殺，抑或被殺？

如棄弊衣而更新裝，魂離舊軀再換皮囊。

火不能焚，水不能漬，風不能蝕，兵不能剒。

無法分割，不能溶解，無法燒毀，不會萎敗，不變不動，永恆如一，魂神不朽，無乎不在。

玄妙難測，無形無相，魂神永在，不變真常，如是了然，何故憂傷！

縱以彼為常生而常滅，巨臂之人！何故憂傷？

生必有死，死必再生，為所當為，何故傷情！

萬物初作，始則未明，成於中間，終復返幽，生生不已，何故煩憂！

有人視魂為可驚，有人說魂為可異，有人聞之以為奇，有人聞而無所知。

魂不死兮但寓形骸，婆羅多兮何故悲哀！

心勿猶豫，剎帝利種，為法而戰，大義是從。

義戰天賜兮，剎帝利之幸；天門為彼洞開兮，菩黎陀之子！

背法棄戰，義有所虧，榮名玷污，身必遭罪。

榮名玷污，永受誹謗，英雄蒙恥，存不如亡！

諸將視汝，必為怯懦，素受禮敬，今遭鄙薄。

敵必詬污，以弱相訶，孰甚斯辱？

爾將奈何！

戰勝享國，戰死昇天，貢蒂之子，奮起決戰！

為戰而戰，不計休咎，等視苦樂，不執得失，如是而戰，何罪之有？

此為僧佉之學，再說菩提瑜伽，以菩提而妙用，脫業力之鎖枷。

於此著力，無或有損，行雖少許，亦救危困。

俱盧族之驕子！

決定之智，守一不變，小智間間，多頭枝蔓。

菩黎陀之子！

惑於韋陀之浮文，愚者執著於榮名；且謂捨此無他兮孰知究竟！

以情慾為歸，以威福是徼，求人天果報，視淫祀為要，貪著利養，心迷意紛，定慧三昧，何自而生？

阿周那！

韋陀無外業行，爾當超乎氣稟；離對待而不二，乃常住於清淨；身安利養不計，歸然立乎真性。

如大淵盡有小池之用，覺者出入乎韋陀而得其真宗。

但盡爾分，無執業果，勿以果自許，勿不盡爾分。

檀南遮耶！

穩處瑜伽，踐禮守義，斷除執著，成敗等視；執中守和，瑜伽如是。

以菩提瑜伽之力而盡棄惡行，爾其於菩提之中歸命太一，檀南遮耶！執著業果者既吝且鄙！

但以菩提而妙用

遠離苦樂於物表，是故勤力於瑜伽，彼為萬行之妙道。

以菩提而妙用，已捨離乎業果，解脫死生之際，離諸苦而得樂。

於時爾之智慧，得脫迷幻之林；會當無動於衷，於將聞與已聞。

無惑於韋陀華藻，智慧堅定而不搖，但居三昧而不動，時則瑜伽之能調。

阿周那曰：克利須那！

彼證得般若者，貌若何？

彼已深入三昧，云何坐？

如是智定之人，云何行？

室利薄伽梵曰：

盡棄情想紛紛，知唯心識所惹，淨心安立真我，斯人得定般若。

處憂患而不亂，居安樂而不淫，離貪嗔與畏怖，如是牟尼得定。

無所執滯於好惡，不欣羨亦不嫉妒，斯人得定於般若。

退轉諸根於塵，若龜藏肢於殼，斯人定於般若。

持禁戒而欲離塵，猶不免戀其嗜味。

並嗜味亦得棄絕，有味乎妙道真味。

貢蒂之子！

雖有智士，勤於自律，諸根剽疾，強奪心意。

調伏諸根，與我相應，斯人得定，般若可證。

人若凝思諸境，遂於境而起執，執起乃生貪欲，欲興嗔恚斯集。

嗔恚集兮幻妄入，幻妄入兮所念誤，所念誤兮智慧麼，智慧麼兮必失路。

離絕乎執與不執，心逍遙而無染漬，諸根為戒律所制，克己者乃得天賜。

天降恩兮諸苦除，心調暢兮菩提悟。

不相應兮菩提絕，菩提絕兮無靜慮，無靜慮兮不寧定，不寧定兮奚來悅豫？

若輕舟為疾風所驅，心為根轉挾般若俱去。

摩訶婆呵！

是故退諸根於塵境，斯人乃得定於般若。

修士警醒於獨夜，智者沉冥乎晝熙。

心觀萬念而不住，若海納百川不盈，斯人乃入乎清靜，而非彼馳其欲情。

行無為兮思無邪，無我所兮無我執，心清靜兮眾欲息。

斯為梵道之所詣，證之者不復有幻，士雖體之於命終，歸乎太一而涅槃。

## 無著第三

阿周那曰：

瞻納陀那！

君言菩提勝業行，凱耶舍筏！

胡為乎告余搏命於沙場？

兩可之辭令余智眩，請君益我以守一之教。

室利薄伽梵曰：

人於斯世，道有二途，余昔曾言，無罪之士；智數之人，持智瑜伽，虔信之人，入業瑜伽。

無所作為，未契無為，單執出離，圓成猶未。

咸不得已而有為，雖剎那而不能息，為陰陽之所驅迫，孰得逃離乎天地？

守業根而心猶戀塵，自欺者乃偽善之徒。

阿周那！

心攝諸根，以為始基，業根發用，行乎瑜伽，人而無著，可謂超逸。

為所當為，勝於不為，無所作為，資生不備。

貢蒂之子！

為祭祀而作業兮，不然斯世皆為業係，為祭祀而作業兮，得脫俗世之拘羈。

昔萬物主之造人，天命與祭祀俱遣：

蕃庶由是，不可或忘，汝願得償，咸在祭祀。

神以茲享，人以茲祀。

人神交養，福自天賜。

諸天享祭，錫人所求，受施不報，盜賊與流。

祭余是餐，仁者業消，飲食自為，罪業是報。

眾生食穀而壽，五穀賴雨而滋，致雨在於祭祀，祭祀出乎禮義。

禮義本乎韋陀，韋陀出乎太一，大梵入一切處，固恒在於祭祀。

若住世而不入此循環兮，惟彼諸根是享，帕爾特！如是罪人兮，虛度此生！

而了然知足安立於真我者，彼固無有職責。

既非有心於不為，亦不有所為而為，住世而無所容心，覺者獨立而無累。

為所當為，不執業果，人而無著，參乎天地。

夫有為而致圓成，古有禪那伽諸君，宜乎汝起而振作，教化為斯民立命。

賢聖所作，百姓法之，為民立則，舉世從之。

舉三界而無予所當為，亦無予所未得而待成，帕爾特！予仍行乎當行。

若予懈怠，無所作為，世人必惑，從以傚偽。

若予失職，諸界將摧，劣種是肇，天人盡殲。

婆羅多！

凡夫執著於業果，智者化天下而行乎無著。

凡夫執著於業果，智者當教之以格物而無亂以異說。

凡一切作為，咸出乎氣化，蔽於我執者，以己為作者。

摩訶婆呵！

知真者明乎義利之辨，未嘗逐乎外物。

惑於氣化之三極，愚夫執滯乎功利，雖彼行虧而智陋，智者無以智非議。

是故獻身以事我，思我棄一切執著；徹悟真性而無求，阿周那！奮起戰鬥！

恒遵乎予之教，敬誠而不我嫉，乃脫乎功利之縛係。

懷嫉妒而不從予之教，無知之徒必滅沒於無明。

雖賢哲亦循其本性而行兮，眾生動而依乎習氣，雖強制不為兮，抑又有何益？

根觸諸塵，或好或惡，爾其勿為，好惡所轉，二皆不取，修道障阻，動靜有則，修身是務。

盡己分縱有差失，遠勝於成就他職，守禮義雖死不辭，逾名分何其不吉！

阿周那曰：

毗濕尼之苗裔！

竟何所迫，人而為惡？

縱非己願，有力驅策。

室利薄伽梵曰：

為貪淫兮為嗔怒！

皆生乎強陽之氣，為大凶兮為大惡，二者塵世之大敵。

或如煙之蔽火，或如鏡之覆塵，又如衣之裹胎，貪淫牢籠有情。

覺性為此大敵所蔽，慾火無饜而不息。

根、心、智皆為貪淫所駐，有身者靈明為覆。

是故婆羅多之華胄！

摧伏此凶，先制諸根；戮彼大敵。

壞智敗性。

根勝物，心勝根，智勝心，神勝智。

悟魂神超上乎根心智，復以正覺安心，摩訶婆呵！

爾其克此難克之敵！

## 薄伽梵傳心第四

室利薄伽梵曰：

是不朽之瑜伽兮，予嘗授之於日神維筏斯萬；日神授之於摩奴兮，再傳伊剎華古。

如是師授傳承，明王賢聖相繼；時緬邈而絕流，瑜伽不復傳世。

爾乃予信士，又為予摯友，予今授爾以太古之瑜伽，俾汝得聞此無上之絕學。

阿周那曰：

君生在後，日神在前，如何可知，始自君傳？

室利薄伽梵曰：

無敵者！爾我皆歷無量生，予盡能記而汝不能。

予雖無生，真身不壞；雖為自在主，恒化身而來。

婆羅多！

正法陵替，邪法猖狂，彼時彼地，予其來降。

護佑賢聖，摧彼奸黨，再建正法，世世予降。

孰知我生，又知我行，如是真諦，有人得明；死而尸解，不復轉世，魂返予所，舊鄉永寧。

離貪離畏，離乎嗔恚，思我慕我，歸命於我。

習道苦修，往聖知我，咸臻純粹，鍾情於我。

人如是其歸命於我兮，我亦如是而報之；蒼生無往而不步予之踵兮，菩黎陀之子！

翼業有成，敬其神祇；速得業果，凡人住世。

四種姓我所創生，惟人德業之是憑；知予雖為其作者，實無為而常淵靜。

業不予污，果予不慕，孰能知我，不為業縛。

如是證體起用，往聖俱得解脫；是故爾當有為，一如往聖所作。

何者為作，何為無作？

智者於此，亦多起惑。

予今告爾，何為作業，爾其知悉，得免罪流。

當知何為，作與妄作，又須明察，何為無作，其道精微，難以猜度。

作而無作，無作而作，人中智者，妙用自若。

凡其所作，不為欲污，智火焚業，真人覺悟。

不執業果，獨立自處，作而無作，常無不足。

應無所住，執持心智，盡棄我所，少欲知足，如是修身，不受罪污。

超乎二見，隨緣知足，等視成敗，離於嫉妒，如是作業，不受業縛。

真人不執，守道抱一。

犧牲是梵兮，酥油是梵，祭火是梵兮，祭者是梵，動靜皆梵兮，入乎大梵。

瑜伽修士，持術紛錯，或祭天神，或祀梵火。

或奉聽聞諸根於定火，或捐六塵於諸根之火。

或供根、氣之作用於瑜伽之火，以求道之心引燃。

或以財物為犧牲，或以苦修為犧牲；或以瑜伽八支為犧牲，或以誦經悟道為犧牲，仁者守誓兮不息至誠。

或引安那於般那，或導般那於安那，彼以調息為極詣，停呼吸入乎三昧。

或以辟穀為獻祭，匯合神氣於太一……

咸明犧牲之真諦，行祭祀罪業盡洗，暢飲獻祭之甘露，陞於大梵而不死。

俱盧族之驕子！

人不祀兮不得樂，況來生兮云若何？

祭祀如是多方，咸備載於韋陀，是皆作業所生，知之爾其解脫。

克敵者！

奉道而祭，優於璧珪，凡百諸行，以道為歸。

親明師以聞道，勤服侍而好問；授皈依以傳法，彼目擊乎道存。

般度之子！
爾既得法，迷癡不再，如是得見眾生，咸在我而無外。
若為此法船所載，雖巨惡得渡苦海。
誠若烈焰之燎薪，慧火焚業成灰燼。
道至尊而無疵，斯世更無與匹，人精熟於瑜伽，時至必得法喜。
此道唯誠乃明，攝諸根而敬信；如是契入真法，速得無上清靜。
嗟彼愚蒙，信心渺茫，意慮猶疑，至於淪亡，既失此世，又無彼方，懷疑之人，終無樂康。

檀南遮耶！
持瑜伽不執業果，悟至道頓斷諸疑；如是獨立乎真我，彼業力無由縛係。

婆羅多！
執慧劍而斷惑，彼皆生乎無明，以瑜伽為利器，汝奮起而效命！

## 菩提妙用第五

阿周那曰：
克利須那！
君既說余以出世，又稱美瑜伽之道，茲二者究竟孰愈？
君其告我以終教。

室利薄伽梵曰：
出世之道與夫業瑜伽兮，咸導人至於解脫，二者以業瑜伽為勝兮，出世之道次之。

摩訶婆呵！
不求不忮，是為出世，無貳守一，解脫其時。
說僧佉與瑜伽異，非達士而乃蒙童；須知卓立乎其一，固已雙獲其效功。
僧佉所詣，瑜伽是造，二者為一，孰見真道？
不我相應，出世亦苦，瑜伽妙用，牟尼頓悟。
瑜伽妙用，潔淨其意，攝心御根，人我一體，斯人雖作，不受業係。

知真者自思：

余惟妙用，了無所作。

觸嗅聽視，言行食息；排泄攝持，目開目閉；諸根觸塵，我則遠離。

棄執著以盡分，捐業果於太一，如是遠離罪業，蓮葉不受水滴。

棄執著而動乎根身心智，瑜伽士所作皆以淨心為務。

犧牲業果，成就清淨。

貪執業果，必受報應。

於意念盡捨諸業，安居乎九關之城；有身者一無所作，亦不動心使欲作。

彼有身者，自為城主，不有自業，不造他業，無關因果，皆氣所作。

皇天上帝，不造善惡，惟人自迷，無明是蔽。

大法摧伏無明，慧日照徹真如。

思彼慕彼，歸命於彼，往而不返，諸疑盡滌。

等溫雅之婆羅門於牛象，視食狗者與狗無異，彼達士兮平等觀兮！

平等靜定，已斷生死，安立大梵，如梵無疵。

得其所好弗欣，遇其所惡弗遷，悟菩提而堅穩，乃安立於大梵。

行不滯於外物，心獨造夫內樂，真人入乎梵境，無量妙喜充塞。

樂出根塵，實為苦因，有生有滅，智者所屏。

住形於世，堪忍貪嗔，斯人得樂，造乎至真。

獨得於內，妙樂自安，瑜伽修士，入梵涅槃。

罪業盡滅，斷除二見，則天去私，利樂世間，如是真人，證入涅槃。

修真之人，離乎貪嗔，攝心內修，涅槃必證。

杜塵境之紛紛，內凝視乎眉間，調氣息於鼻端，勻出納以周旋。

攝諸根與心識，盡銷畏怖嗔貪，如是牟尼解脫，得自在而心安。

我為諸獻祭與苦修之歆享者兮，為諸世界與天神之自在主，又為諸有情之賜福者與護持者兮，覺者如是知我乃得夫安住。

## 禪瑜伽第六

為所當為，業果不執，即出世僧，即瑜伽士，非彼不近煙火，不守禮義。

般度之子！

當知捨離即為瑜伽，孰得為瑜伽士而不去執著？

初修瑜伽八支之牟尼，據說以作業為其途徑；瑜伽士既超上乎八支，人謂以不作為其梁津。

行無所執，不滯根塵，盡棄欲樂，瑜伽增勝。

心能為友，亦可為敵，以心自渡，勿以害己。

心得攝持，即是密友，若失調御，轉為仇讎。

攝心自得，合於大梵，寒暑苦樂，榮辱等觀。

復性安命，攝根得定，瑜伽堪成，糞土黃金。

親舊敵友，中人看客，所惡所近，賢愚不肖，一視同仁，平等智妙。

瑜伽修士，常自凝定，處乎幽獨，收攝身心，無欲無求，存誠主敬。

纇布、吉祥草、鹿皮，安設座具，結跌幽寂，不高不低；置心一處，調伏身意，如是起修，神魂盡滌。

端直軀頭頸，不動執持；凝注鼻端，目無斜視；意定無畏，守貞不移；攝心觀我，以我為歸極。

如是薰修，一心不亂，清淨涅槃，指日可待，瑜伽修士，上登我之所在。

饑飽太過睡起無度，皆不能成瑜伽士。

食嬉睡起有節，勞作事業隨分，如是起修瑜伽，一切煩惱漸盡。

身心得調，真我獨存，無欲無求，瑜伽是雲。

若無風而燈不搖，瑜伽士攝心以入定。

息心無住，安處真我，菩提得證，造乎至樂。

目擊道存，動靜不離，更無他求，患難不移。

如是斷苦，入三摩地。

信願堅定，瑜伽精進，欲生情計，愛須盡屏，如是持心，都攝諸根。

信篤智堅，歸根入虛，獨存真性，無思無慮。

心躁易動，漂搖紛錯，隨時收攝，會歸真我。

心淨至樂，無欲無著，瑜伽行者，證梵解脫。

如是精進，塵垢盡去，瑜伽行者，梵交極樂。

見眾生在我，我在眾生，如是覺悟，一切等平。

孰於一切處見我兮，又見一切盡在於我，如是我不離彼兮，彼不離我。

知我住眾生心，上與大梵為一，修士歸命於我，事我以其誠敬，如是於一切處，不離與我同行。

推己及人，一味平等，無苦無樂，斯士為勝。

阿周那曰：

摩度魔之屠者！

君說瑜伽，非余可證，此心易動，不安不穩。

心意搖盪，躁動凶頑，余謂難降，如風一般。

室利薄伽梵曰：

貢蒂之子！

心實難制，其性躁激，然猶可為，精進不執。

不自克制，瑜伽甚難，攝心善巧，精進乃圓。

阿周那曰：

起信修為，其後乖違，意念游離，未克成就，如斯行者，彼將焉歸？

兩俱失落，斷若浮雲，更無立錐，迷乎梵行。

克利須那！

此余之惑，祈君斷除，捨君無人，能解此惑。

克利須那曰：

帕爾特！

人持正道，不墮惡途，今生來世，永離畏怖。

往生諸天，歷歲無算，再投清貴，其路漫漫。

或生有道，秉賦靈秀，如斯轉世，世間稀有。

復其夙慧，再圖成就。

宿業天成，不假雕琢，自然向道，無待言說。

精勤瑜伽，罪垢除盡，行者累世，終得究竟。

瑜伽士高於苦行之人，亦較玄辯之士為殊勝，彼功利之徒望塵莫及，阿周那！爾其為瑜伽士！

念念在我，孝事誠敬；與我相應，至親至近；瑜伽修士，殊勝究竟。

## 天人立命第七

室利薄伽梵曰：

諦聽帕爾特！

心契於我，以為歸依，如是起修，知我無疑。

示爾以理，傳爾以道，倘爾得悟，再無不曉。

人中千萬，求道一人，得道之士，知我罕逢。

地水火風空，心智我慢，我之元氣，化而為八。

摩訶婆呵！

如是八者，元氣所形，須知別有，精氣流行，經緯天地，厥惟有情。

一切造物，二者所構，成毀由我，囊括宇宙。

檀南遮耶！

更無一物，凌我之上，萬有在我，如線貫珠。

貢蒂之子！

我為水之甘味兮，為日月光明，為韋陀真言兮，為人中之力空中之音。

我為土之清芬，又為火之熱明，為眾生之生命，為行者之苦行。

帕爾特！

我為萬有之種子兮，無盡無窮，又為智者之智兮，勇者之勇。

婆羅多之華胄！

我為強者之強兮，不為物化，為眾生之欲兮，不違禮法。

元氣化生，皆來自我，非我在彼，彼咸在我。

為化所惑，世莫我知，我超氣性，至上不易。

摩耶無敵，氣性所賦，一氣化神，信難調伏，歸命於我，摩耶得除。

癡愚不肖，劣智修羅，彼輩惡徒，不皈服我。

婆羅多之華胄！

滅苦求財，好學求道，四者善士，事我來告。

求道之士最上，不息奉愛難能，彼獨於我最親，我亦報以情深。

固皆眾芳之所在，余獨取知我之士，彼歸我在我之內，我視彼與己無異，彼哲人兮獲於我兮！

遍歷生死，歸命於我，哲人得悟，我即一切，如斯大雄，稀有難索。

或有皈依諸天，智為眾欲所負，持禁戒之紛紛，唯其天性是騖。

我為心中勝我，賜人敬信以奉天神。

既得敬信於內，彼遂事其所信，如是其願得償，所獲實出我命。

智小所得，果易壞兮，拜諸天者，生諸天兮，事奉我者，魂歸我兮。

小智思我，自隱而顯，莫知我性，至精不變。

獨隱於瑜伽摩耶兮，世莫我得見；故世亦莫我知兮，雖我無生而不變。

阿周那！

我知現在、未來、過去，知我者其誰歟？

二見幻惑，好惡是由，眾生下世，既入其殼。

篤行善業，罪惡盡除，誓願事我，二見不入。

歸命於我，求脫生死，人明內外，與梵為一。

孰知我為天地人之極則，雖當易簀而其心與我相應。

## 登梵第八

阿周那曰：

何者為梵？何者為我？

何謂神明？何謂氣化？

至上之人，業又為何？

何為祭主，身內居停？

何以知汝，士當易簀？

室利薄伽梵曰：

梵性不滅，即真我兮，造身諸行，謂之業兮。

嗟爾人中英傑！

氣化賦形，謂之地兮，神明載物，謂之天兮，居停身內，我祭主兮。

孰唯念我，命終之際，其德合天，茲焉不疑。

貢蒂之子！

命終之際，有所念兮，魂離軀殼，歸於彼兮。

是故於一切時中，唯念我兮，戰而凝心智於我，必至我兮，修煉瑜伽，心不亂兮，通乎至神，凝思我兮。

泰始觀監，天地真宰，持載萬物，細於極微；玄深難測，光明相妙，如是思我，超乎闇黑。

命終之際，誠敬不遷，持瑜伽力，攝氣眉間，如是通神，上格於天。

或通韋陀，或持頌唵，出離世間，謂之聖賢，梵行貞守，得入乎梵，我今概括，且為汝言。

守意無著，閉藏諸根，置心一處，聚氣頂輪。

心唯思我，頌唵梵音

魂棄軀殼，歸乎梵境。

恆常思我，不有貳心，得我甚易，彼永相應。

既歸我兮不復生，出世間兮無常苦，彼大雄兮至道成。

上至梵天，諸界轉輪

唯歸於我，決無再生。

世千劫為梵天一日，再千劫為其一夜；獨斯人兮知晝夜兮。

萬物方生，梵天方醒，入夜偕逝，復歸冥冥。

晝則復蘇，入夜偕逝，萬物生生，周而復始。

超乎冥冥，別有絕待，其性不顯，至上不壞，萬物有滅，彼則永在。

不顯無疵，太上梵域，至則無返，乃我所居。

惟天下至誠為能事天兮，固中正而純粹，萬物出乎其中寓乎其裏兮，彼不動而無為。

嗟爾婆羅多之華胄！

瑜伽行者，尸解登遐，何時不返？再來何時？

予今告汝，以其吉日。

日行北方之月，月朔至望之日，於白晝光明中，火神導夫先路，循斯道而登天，覺者入乎梵土。

日行南方之月，月望至晦之日，於暗夜煙霧中，行者命終昇天，登斯道以奔月，聊逍遙而復還。

永生之路，黑白二途，一者無返，其次來復。

帕爾特！

了知二途，不復猶疑，一切時中，但持瑜伽。

明韋陀兮崇祭祀，務苦修兮行布施，諸善業兮咸超上，瑜伽士兮得不死，通至道兮返故鄉！

## 皇華之秘第九

室利薄伽梵曰：

念爾心無嫉妒兮，予將告爾以無上玄秘；知之則解脫於諸苦兮，其言兼道與理。

皇華之學，皇華之秘，契於大法，精一真素，目前現成，不息常樂，如是圓教，我今示汝。

無敵之人！

不信大法，不我得近，娑婆重墮，輪轉死生。

為物窈冥兮，我周行而不殆，萬有在我兮，我獨立而不改。

我生萬物而不有兮，玄通廣大爾其識乎！

彌綸天地而不改兮，我獨立以為天下母！

若飄風遍吹，未嘗出天穹，萬有寓於我，不離與此同。

貢蒂之子！

萬有歸於我一氣兮，劫波將盡；然則我其復生萬有兮，於劫初始。

萬物出入乎我一氣兮，屢變易而不窮，天地順化於我一氣兮，莫之命而自然。

檀南遮耶！

我為無為而不受繫縛，守虛靜以淡泊。

氣唯我命以形萬物，是故天地生生而不窮。

愚癡嘲我兮，值我以人形降住，彼莫知我玄德兮，乃萬有之宗主。

心幽昧兮行願信俱不離惑，性昏瞢兮自附於羅剎修羅。

然彼大雄，獲佑於天，傾情事我，至誠不遷，彼乃知我，乾元至健。

唱贊不停，立誓篤行，頂禮敬信，恒與我相應。

餘者禮我，為學日益，磅礴萬物，觀象天地。

我為祭儀兮，我為祭祀，我為百草兮，我為廟薦，我為祝詞兮，我為酥酪，我為祀火兮，我為奉獻。

我為乾坤父母兮，復為祖靈，我為唯一可知兮，又為唵音，我為韋陀三明兮，為能潔淨。

我為道兮為宗主，為觀監兮為居所，為成壞兮為庇護，為根基兮為種子。

散熱兮施雨，永生兮死亡，為靈兮為物，一體兮在我！

學者通乎三明，飲娑摩而罪消，行祠祀與祭拜，唯天路是求禱，昇天帝之福地，饗諸神之玉肴。

彼得享天界大樂，福報盡重墮凡間，故尊三明之學者，貪愛欲生死流轉。

孰忠心不二以事我，我必存已有而補不足。

孰具尊信，敬事他神，實唯我奉，但乖法正。

我饗諸祭，又為祭主，知我匪真，故爾失路。

禮諸天兮往諸天，祭祖先兮返祖先，拜鬼道兮生鬼道，敬奉我兮從我還。孝心供我，花果葉水，我必接納，以其愛惠。

貢蒂之子！

一切所做所食所施所修，為之而奉獻於我。

如是離吉凶業果，得脫業力之障礙；持捨離心以妙用，必臻乎我而自在。

我於眾生皆平等兮，無所憎亦無所愛重，抑有人而事我以愛敬兮，彼獨在我中我亦在彼中。

雖大惡猶不失聖潔，若彼立志事我不貳。

未久彼還復其性，入乎清靜而永泰，貢蒂之子其宣說：

事我者決無頹敗！

帕爾特！求庇於我，雖賤民女子毗舍戌陀，咸得登乎太上之境。

況復身為有德婆羅門，及明王信士？

世既無所逃於無常悲苦，爾其唯我是事！

恒思我兮為我信士，敬事我兮向我頂禮，心歸命兮精誠抱一，必臻我兮爾其若是！

## 玄通無極第十

室利薄伽梵曰：

爾於我甚親，我將示至道以益汝，摩訶婆呵！且再諦聽。

諸神仙聖，莫知我生，我為其始，先天地生。

孰知我為諸界之宗主兮，無生無始，彼獨超乎凡俗而不惑兮，罪業盡釋。

菩提正見，真實容恕，修身攝心，無畏戒懼，生死欣戚，苦行知足，不害平等，布施榮辱，——有生諸德，為予所賦。

往古七聖，四靈摩奴，皆我心造，汎彼苗裔。

孰知我之大用玄通兮，真實不虛，彼與我相應而不分兮，確乎不疑。

一切我造，我為泰始，是故智者，唯我是事。

心住於我，獻身於我，彼此啟明，贊我不息，如是信士，生大歡喜。

孰恒事我以真情，我必授菩提使來歸。

我住於彼心中兮，出乎悲憫，破無明之闇黑兮，以智慧燈。

阿周那曰：

至高大梵，天地之根，至真能淨，不二至精，無生不死，泰始原人，乾元至尊，諸神之神。

一切仙聖，如是譽君，有那羅陀，與阿悉多，有提婆羅，及毗耶婆，皆如是說，余今又聞。

薄伽梵！

凡君所示，我信為真，然雖言說，昧乎鬼神。

獨明獨知，人中至上！

萬物乾元，天地宗主，諸神之神，萬邦之王！

玄通無極，君其告我，以此卓立，彌綸天地。

何以知君？何以思君？

究竟何相，君得觀想？

瑜伽之祖，薄伽梵兮！

瞻納陀那！

玄通大用，其更細談，言如甘露，聞而無饜。

室利薄伽梵曰：

俱盧族之驕子！

我將告汝，大用流佈，但陳顯者，無邊難數。

我為勝我，居眾生中，為其中間，又為始終。

諸阿底提，我毗濕努，諸摩魯陀，我摩利支，一切光華，為日昭昭，諸方星曜，為月皎皎。

諸韋陀兮我為三曼，諸天神兮我為帝釋，諸根識兮我為心王，諸有情兮我為覺知。

諸樓多羅，我為濕婆，諸婆藪中，為阿耆尼，羅剎夜叉，為俱維羅

諸山群峰，我為須彌。

祭司兮我為蒲歷賀斯缽底，統帥兮我為塞健陀，水聚兮我為滄溟。

諸賢聖兮為布黎古，諸梵音兮我為唵咒，諸獻祭兮我為迦帕，諸不動兮喜瑪拉雅。

草木兮我為菩提樹，仙聖兮我為那羅陀，悉檀兮伽皮羅牟尼。

歌仙兮吉多羅阿陀，馬族中我為烏蟬舒華兮，騰起於攪拌乳海之波浪，神

象中我為藹羅筏陀兮，於人類我為御世之帝王。

兵器兮我為金剛杵，乳牛兮我為妙如意，生殖兮我為堪陀般，毒蛇兮我為窪蘇吉。

於龍種中，為阿難陀，於水族中，為婆樓挐，於祖先中，為阿利摩，執法者中，為閻羅王。

魔族兮為巴臘陀，主宰兮我為時光，走獸兮我為獅王，飛禽兮為伽魯達。

能淨兮我為風，持械兮為羅摩，水族兮我為鯊，河流兮為互伽。

阿周那！
造物兮我為成住壞，諸明兮我為自性理，辯難兮我為究竟義。
字母中為起首呃，離合釋為相違釋。
為時光無涯無際，創世者我是黃帝。
為死兮我吞噬已生，為乾兮我資始方來，為坤兮富貴、智辯、廣記、安忍。
唱贊兮蒲屬赫三曼，詩歌兮我伽耶特黎，月份兮一歲之正月，季節兮為春之芳菲。
詐術兮我為賭博，光燦兮我為輝煌，歷險兮我為勝利，強者兮我為力量。
毗濕尼兮我為華胥天人，般圖筏兮我為檀南遮耶，牟尼兮我為毗耶娑，見士兮我為烏商那。
諸刑罰兮我為法杖，求治者兮我為道術，諸秘密兮我為玄默，通玄者兮我為名數。

阿周那！
一切造物，我為種子，動不動者，無我不立。

無敵者！
大用流佈，無量無邊，但陳顯者，以管窺天。
一切神妙，文采物華，爾須記取，皆我片光。

阿周那！
凡此所知，於汝云何？
彌綸天地，但我微力。

## 大威德相第十一

阿周那曰：

至上微密，蒙君開示，梵我之際，頓斷諸疑。

蓮花眼目！

有情生滅，余得詳聞，大用無極，君已略論。

雖余得悟，如君所陳，今猶欲觀，大威德相。

無上宗主，人中最勝！

妙相無盡，祈君示現，主人惟君，玄通無限！

室利薄伽梵曰：

嗟帕爾特！汝觀我形，千變萬化，不可窮盡，種種色相，莊嚴空靈。

且看諸阿底提、諸婆藪、

諸樓多羅、雙阿室毗尼、

諸摩魯陀及無數神奇變現，皆爾前所未見，婆羅多！

古達開士！

天地萬物，咸匯於一，此身囊括，凡爾所歷，動與不動，現未來際。

爾以肉眼，不得相見，賜爾天眼，觀予妙玄。

桑遮耶曰：

吾王，彼玄通之主赫黎，言迄遂示現其大威德相。

紛紛兮口目，繁飾兮琳琅，遍持兮神器，奇麗兮未央。

帶天鬘兮著天裳，塗神膏兮散異香，妙莊嚴兮發輝光，紛總總兮遍四方。

巨靈之光，赫曦麗空，千日並升，彷彿其同。

天地為一，復分為多，並現彼身，諸神宗主，般度之子，於時得睹。

驚奇震怖，身毛為豎，檀南遮耶，合掌稽首。

阿周那曰：

我見諸仙異人兮，咸在汝身，梵天、濕婆、玄聖、天龍兮，俱坐蓮花。

無量數之臂腹口目兮，無量數形體遍布十方；中間終始不得而見兮，天地真宰之大威德相！

身具冕杖時輪兮，靈皇皇其焉窮。

如日焰不可逼視兮，爛昭昭其未央。

皆知君太上無二兮，為天地根，我識君亙古以載道兮，泰始長存。

無始無終，亦無中間，日月為目，無數手臂，口吐烈焰，遍燎天地，君之

輝煌，無涯無際。

天地之間，唯君流佈，其相忿怒，三界畏怖。

諸神皈順，咸入於君，或生戒懼，合掌求告；仙聖悉檀，齊頌平安，唱讚韋陀，向君祈禱。

諸阿底提、諸婆藪、

諸樓多羅、雙阿室毗尼、

諸摩魯陀、薩帝耶、

韋施威、祖先、乾達婆、

夜叉、阿修羅及眾悉檀，皆驚怖以凝望。

無數口目，與臂脛足，無數肚腹，與利齒牙，諸界惴栗，余亦驚怖。

華采接天，無邊無際，巨口翕張，巨目奪魄，震我五內，心慌失措。

面目可畏，齒牙可怖，猛若劫火，令我恍惚，眾神之主，天地之母！

粉碎兮狄多羅史德羅諸子及聯軍諸王，毀滅兮毗史摩、陀拏、喀爾納與我方諸將。

落巨口兮可愕可怖，掛齒牙兮顱作齏粉。

御世諸王，為君盡噬，咸奔巨口，如蛾赴火，流光溢彩，似江匯海。

口吐烈火，舐噬群生，光焰灼灼，彌漫乾坤。

向汝頂禮，形何威獰！

求汝慈悲，諸神之神！

泰始乾元，請君告我，君為何人？所務為何？

室利薄伽梵曰：

我為時光，壞滅世間，將毀群生，爾等除外，嚴殺淨盡，無論敵我。

是故奮起，克敵揚名！

立國開基，神射無敵！

敵當盡滅，我所前定，爾其力戰，為此緣起。

已盡誅兮陀拏、毗史摩、

遮耶圖羅陀、喀爾納諸將，亟奮起兮無復張惶，但力戰兮克敵疆場！

桑遮耶曰：

聞凱耶舍筏之言，阿周那合掌頂禮，惶恐再拜以陳辭，身觳觫而音顫慄。

諸根之主！

聞君榮名，天地歡騰，羅剎悚懼，四散逃奔，悉檀部眾，頂禮歸命。

云何不拜？君乃巨靈，泰始初作，超越黃神，諸神之神，天地之根，無極不壞，涵蓋乾坤。

太初之靈，太古之神，究竟息止，天地之根，並為能所，絕待無貳，妙相無極，遍滿乾坤！

呼君兮風、火、水、月、天地真宰！

頂禮兮創世梵天、人類初祖！

拜倒兮千百回再拜以至無數！

拜於前後，拜於十方，無盡威力，無盡權能，覆載天地，君即乾坤。

無謬誤者！

以君為友，不識汝真，恃愛驕狂，冒瀆而稱：

唯雅達筏，克利須那！

對君戲謔，食嬉坐臥，或獨或俱，失於敬莊，君其宥我，君心無量。

讚歎兮世界動不動之父，禮敬兮天地真宰大宗師，至強兮三界孰能逾越抑或等平！

我今頂禮，五體投地，敬愛之主，賜我恩慈！

如友相恕，又如父子，愛與所愛，不相遐棄！

見所未見，喜極而懼，加我慈悲，更示真身，諸神之神，天地之根！

千手自在，大威德相！

四臂真身，我今欲見，身具冕杖，手持時輪。

室利薄伽梵曰：

唯我恩慈，爾得目睹，至上妙相，出乎玄通，曾無人見，獨示於君！

此妙相兮非以誦經祭祀善行布施而得見，俱盧子兮須知世間無人得見爾之所見！

無復惶惑，見我此相，示爾欲睹，爾其安康。

桑遮耶曰：

克利須那，現四臂相，復再還原，為兩臂相，如是大雄，慰撫受驚。

阿周那曰：

瞻納陀那！

睹此人形妙相，余得平復而安舒。

室利薄伽梵曰：

爾所見兮至難得見，諸天神兮常欲一睹。

此妙相兮非以誦經祭祀善行布施而得見，以天眼兮爾乃得睹我秘密真身。

唯敬奉我，無貳至誠，乃得知我，見我真身，乃契入我，與我相應。

事奉我兮以為歸極，敬愛我兮離乎染執，無怨憎兮眾生等視，若斯人兮必我來依。

## 入聖第十二

阿周那曰：

巴克陀兮恒獻身以事君，另有人兮獨化乎玄冥，之二者兮於瑜伽孰為殊勝？

室利薄伽梵曰：

心注於我，無貳敬誠，如是事我，彼最殊勝。

孰禮無相，沖漠冥冥，言語道斷，路絕心行，寂然不動，周遍充盈；若彼攝身，一味平等，利樂有情，亦得我臻。

心執冥諦，求道多厄，其術甚難，於有身者。

孰事奉我，誠敬篤實，專心瑜伽，觀我冥思，我將救彼，出生死海，心唯住我，無待多時。

心住於我，持以菩提，爾其歸我，決定無疑。

檀南遮耶！

若爾不能，心住於我，其修瑜伽，求臻於我。

若爾不能，修證瑜伽，為我作業，將獲圓成。

若爾不能，為我而作，但捨業果，克己自勝。

此若未能，則致爾知，禪優於知，捨離更勝，行乎捨離，乃得清淨。

心無嫉妒，但存慈仁，離於我所，我執不生，等視苦樂，以恕待人，知足精進，克己堅忍，心住於我，持以菩提，彼巴克陀，我所愛珍。

不責於人，不為人擾，離乎苦樂，憂懼不驚，人而如斯，為我所親。

不凡超俗，精純明敏，無憂無慮，無求利名，彼巴克陀，為我所親。

無喜無悲，不求不忮，兩皆無作，善不善事，彼巴克陀，為我珍視。

敵友齊觀，榮辱等平，寒暑苦樂，順受不驚，凡情世諦，咸無所嬰。

毀譽不動，常守玄默，隨緣任運，少欲澹泊，立志堅忍，傾情事我，人而如斯，受我福祚。

全力修煉，此甘露法，寄心於我，以為究竟，彼巴克陀，我最親近。

## 神氣第十三

阿周那曰：

何為氣化？何者受用？

如何是田？何者知田？

如何為知？何為所知？

凡此諸惑，願得開示。

室利薄伽梵曰：

貢蒂之子！

身謂之田，有身之人謂之知田者。

須知我亦知田者，遍在一切身田；知田與知田者即謂之明，我之見解如是。

如何是田？其相維何？

何為其變？其來何自？

何者知田？其用伊何？

我今為汝，簡而言之。

玄聖相因，見諸韋陀，梵經有論，推理悉備。

五大、我慢、智、元氣、

十根、一心、五根塵、欲、

嗔、苦、樂、集、信、知覺，剖析列舉，總謂之田，攝其變性，相互作用。

謙下無驕、不害容恕，質直清淨，克己守篤，親近上師，祛蔽發覆，不執根塵，我慢蠲除，明乎生死，老病等苦。

妻兒室家，無所牽縈，如不如意，寵辱不驚，行篤志堅，事我誠敬，好靜獨處，無愛俗情，內省自得，常住梵性，致知窮理，契入至真，如是謂明，餘者無明。

予將告爾以所知兮，知之者得享永生：

　　無始大梵以我為歸極兮，超乎因果而獨存。

　　遍在兮其手足耳目頭面，寂寥兮覆載萬有而獨立。

　　諸根之源，不有諸根，氣所從出，先天地生，衣養萬物，長而不宰，陰陽之主，至精至真。

　　表裏俱在，亦動亦靜，既遠且近，至微至精。

　　體一分殊，覆載萬有，吞滅一切，生成一切。

　　光明之光，超乎幽明，兼知所知，知之所至，一切有情，心內居停。

　　田、知、所知，我已概說，唯巴克陀，得契我性。

　　眾生元氣，二皆無始；心物變易，氣化流行。

　　氣化為因，生起因果；眾生為因，生起苦樂。

　　眾生寓居於天地，受用氣化之三極；遭吉凶於情命界，緣與陰陽相表裏。

　　有歆享者，亦居此身，為寂觀者，為感應者，為自在主，為至上神，斯乃真宰，涵蓋乾坤。

　　孰明乎此天地人陰陽氣化之道，彼當下即得解脫於生死輪迴。

　　或以禪力，或以玄思，或以無著，修練瑜伽，乃得見此，天地真宰。

　　更有昧於此道者，從他人而致敬拜，彼等但依聲聞法，得超乎生死之外。

　　須知動不動一切有，皆出乎田與知田者相摩。

　　無上自在主，平等居萬物；壞中見不壞，斯人有眼目。

　　見其平等遍滿兮，知真宰與眾生同住，如是靈不與心俱墮兮，踐履乎天人之途。

　　業緣氣化，魂非作者，如是見者，確乎有見。

　　時若見眾生之異兮，固同立於一，知其咸出乎靈而遍在兮，覺者契入梵諦。

　　無始兮無盡，無為兮無染，真我兮超乎象外，有身兮不為身礙。

　　雖遍在於四體，魂不與身為一；若空性之微妙，彌漫萬有而獨立。

　　靈遍身田，知覺出入，猶日一輪，照徹天地。

　　以慧眼兮分別乎田與知田者，返無極兮證入於離形氣得解脫之至道。

## 大易三極第十四

　　室利薄伽梵曰：

　　我當更說無上智兮，一切智中之最，諸牟尼由茲悟入兮，臻乎至善至美。

　　皈依此智，得契我性，創世不生，劫終不病。

婆羅多！

我之胎藏為大梵，天地生生之始源；我播種子於其中，眾生由是而繁衍。

一切胎種，出此胎藏，我為其父，種子是播。

氣化生出三極：

強陰濁陽中和；神魂為身所困，乃受制於三極。

和氣至純，能照能淨，滯乎安樂，執著知性。

強陽多欲，出乎激情，縛以諸業，拘制靈明。

濁陰顛倒，出乎愚昧，致人幻惑，懈怠昏睡。

和氣執滯於安樂，強陽縛人以業力，濁陰蔽覆其靈明，陷人於顛倒幻翳。

和氣得申，陰陽氣屈，陽氣剛強，陰和轉柔，陰氣彌漫，陽和消退，如是三極，往來相推。

慧光時耀，一身諸門，於時當知，和氣增盛。

貪求不止，躁動不休，於時當知，陽氣勢強。

昏闇冥頑，愚癡顛倒，於時當知，陰氣彌漫。

若於死時，和氣增盛，乃得往生，賢聖淨土。

死於強陽，生而逐利，死於濁陰，投胎畜牲。

善業果淨，云屬中和，陽強果苦，陰濁果劣。

和氣生智，強陽貪執，濁陰幻惑，顛倒愚癡。

安住中和，上界是升，人秉陽氣，中間是居，陰濁之徒，頑劣沉淪。

智者得見，作唯三極，又知魂靈，超乎氣性。

當知此身，陰陽牽引，若有身者，超乎氣性，乃得解脫，生死老病，永生甘露，此生有憑。

阿周那曰：

我主！

若有人兮外陰陽，現何相兮持何行？

彼如何兮遠氣性？

室利薄伽梵曰：

無厭憎兮值啟明、執著、幻惑現前，無冀望兮迨夫諸心象既遷。

沖漠守中，心無變易，湛然了知，作唯三極。

等苦樂以自持，視土石與金無異；齊好惡而堅穩，無分別褒貶揚抑。

平等齊觀，榮辱友敵，執出世道，一切捨離，據說斯人，超乎三極。

孰歸命於我而無退轉兮，持巴克提道以事我；彼乃離乎陰陽兮，證入梵境而解脫。

我為永生，大梵所宅，其性極樂，長存不壞。

## 通神第十五

室利薄伽梵曰：

有菩提樹，終古長新，其根上植，枝幹下行，韋陀頌讚，為其茂葉，孰識此樹，韋陀是明。

高下布其枝幹，受陰陽而華滋；六塵為其芽苗，別有蔓根下披，成業力於世間，根盤錯以羈縻。

世人既不識其形兮，始末出處皆無可溯；當以無著為刃而力斫兮，斷此根深柢固之樹。

將上下以求索兮，止乎不復還之鄉；乃歸命泰始乾元兮，彼生生於太古洪荒。

去除驕癡，摧伏幻翳，常住梵我，不近俗鄙，離乎雙昧，苦樂二境，斯人無惑，魂歸不死。

皇皇兮彼處無所用乎日月火光，高絕兮歸乎我土乃永不淪降。

我分為極微以永存，於情命界化作有情；彼遂鼓六根以求生，受桎梏而困於氣形。

有身者得其身而復棄兮，並心識以俱逐；若清風之挾芬芳兮，攝味於生香之處。

心運乎視、聽、觸、嘗、嗅諸根，有身者得其身而受用諸塵。

稟氣性兮寓夫器形，何以棄兮云何受用？

愚夫迷兮慧眼獨明。

瑜伽士力修而得證悟兮，立乎本以極物之真；凡夫雖窮究猶無所見兮，其心未治故無明。

日月光華，照徹乾坤，其來自我，與火之明。

入厚土兮我以大力持載萬物，化明月兮我以月露滋溉植蔬。

寓乎生物之形骸，我化為脾胃火力；與上下氣相調順，我於是消化四食。

遍在乎眾生之內心兮，念、知、忘皆從我而得；通韋陀乃可知我兮，我明

於諸韋陀又為其終論之作者。

生乎天地，情命有二，一者有疵，他為無疵；莫不有疵，是為眾生，與我為一，謂之無疵。

別有至上，謂之太一，入乎三界，覆載天地，為自在主，生生不息。

我既超於有疵者，又陵絕無疵不惑；是故呼我為太一，無論世間抑或韋陀。

孰知我為太一，於斯篤信不惑；彼乃遍知一切，傾其所有事我。

安那伽！

斯乃韋陀之玄奧，爾今我盡發其覆；知之則生起智慧，臻圓妙凡其所務。

## 別性第十六

室利薄伽梵曰：

無畏清淨，存乎覺明，布施自制，行乎祭祀，讀經苦行，貴乎質直。

不害真實，無所嗔惡，出世清靜，無所苛責，慈悲愛人，不貪能捨，溫柔謙下，君子有德。

弘毅堅忍，強哉矯兮，潔淨不妒，無求名兮，生而秉德，彼聖人兮。

傲慢驕矜，入虛妄兮，苛峻易怒，出無明兮，此諸稟賦，屬修羅兮。

聖德入乎解脫，修羅性造纏縛；般度之子無憂，爾德乃自天賦！

帕爾特！

斯世有情，分兩類兮，厥惟天神，與修羅兮；我於神性，已詳言兮，今說修羅，爾諦聽兮！

人而稟賦修羅性，昧乎當為不當為；彼無所容夫真諦，身不淨而行無禮。

彼等乃謂：

世無真實，無本無神，別無他因，但出貪淫。

固執此見，盡忘真性，其智褊小，其行暴烈，所為皆害，將毀世界！

倚乎無饜之情慾兮，虛名狂傲是耽；如是乃惑於幻妄兮，諸行不淨是染。

憂怖無盡，至死不息，執著情慾，以為究極。

縛於冀求之百結兮，發貪嗔其無極；饜其情慾而聚斂兮，行不義以增殖。

彼等思惟：

今我已得，所謀將獲，今我已有，後當更多。

已殺此敵，將戮餘者，我為主宰，為受用者，我今成就，有力悅樂。

我富且足，親戚貴盛，抑有何人，與我爭鋒？

但行施祭，我其欣欣；如是起惑，無明增進。

妄念顛倒，幻網纏縛，耽執淫慾，地獄是入。

執驕矜而固必，乃迷醉於勢利；矯虛名以行祭，又不遵乎禮儀。

肆心於驕慢勢利，入乎嗔淫而不拔；生嫉妒以謗神明，不知我內於自他。

至賤兮彼等凶頑嫉妒之材，輪迴兮我將永擲彼於修羅惡胎！

既沉淪於阿修羅種兮，生生世世癡愚；彼等將永不得近我兮，輪轉至於惡趣。

地獄之門三重，為淫為嗔為貪，咸招魂於淪喪，當捨離而無返。

孰得脫於此三重門兮，轉而修道以自益，彼乃證詣乎究竟兮，貢蒂之子！

孰背棄經論之教，動以情慾為驅使；彼永不得臻圓滿，無福樂亦無證詣。

應以經論為證量，決乎當為不當為；明於經教之禮制，爾其入世以有為。

## 辨心第十七

阿周那曰：

克利須那！

若有人棄經教，惟師心以生信；彼等之境界安在，為中和抑為陰陽？

室利薄伽梵曰：

眾生為氣性所制，其信願乃分三支；有中和亦有陽性，復有陰性其聽之。

婆羅多！

隨其秉性，信願乃生，人而為人，信願所成。

中和之人，敬事明神，強陽所崇，羅剎夜叉，陰濁之人，淫祀鬼魂。

行暴烈之苦修，逾乎經教禮制；結驕慢以自恣，為貪著心所使。

痛楚其身而傷五行兮，彼之心魂俱亂；擾擾乎及於內中之勝我兮，當知此乃修羅所願。

人之所食，分為三類，獻祭苦行，布施亦是，其間分別，爾其諦聽。

食而延壽，體健身強，心悅意足，甘潤滋養，中和之人，惟此是嘗。

過酸過苦，極咸極熱，焦乾辛辣，入口灼舌，食而生惱，憂悲病厄，強陽之人，惟此是樂，久置失味，腐食敗肴，棄餘不潔，濁陰所饕。

無得心以舉祭，遵經教之儀軌；視奉獻為天職，此乃和氣所為。

求果報而祭祀，唯榮名之是圖；婆羅多之華冑！

此強陽之人所務。

不遵儀軌，不施祭余，不誦祝讚，不酬祭司，羌無誠敬，不仁務虛，如是行祭，濁陰之侶。

敬天神兮與夫婆羅門、本師、親長，身苦行兮潔淨、守貞、不害而直方；言語可親，有益誠信，惡聲無作，但誦梵經，如是守口，謂語苦行。

知足質直，玄默自制，如是淨心，謂意苦行。

人以至誠，修三苦行，心無所住，與道相應，如是苦修，出乎中和。

出乎驕矜，求名與養，如是苦修，強陽所尚，持而不定，行而不長。

愚執自殘，或為害人，如是苦行，謂出濁陰。

義所當為，不求報恩，合乎時地，擇乎其人，如是布施，中和是稱。

為取而予，或求果報，或滋煩惱，或生計較，如是布施，強陽之道。

非其時地，不擇其人，或無真心，或生不敬，如是布施，謂出濁陰。

唵！沓！薩！

梵號三疊，持以觀音，韋陀唱贊，祭祀所用，傳自邃古，婆羅門種。

遵禮制兮首唱「唵」以稱梵名，覺梵者兮恒如是而祭、施、苦行；誦「沓」音兮行種種祭、施、苦修，出世者兮於人天果報再無所求。

「薩」以名「真」，亦謂「真人」，事可頌讚，皆得而稱。

臻於至上，祭、施、苦行，所為合天，咸頌「薩」音。

心無誠敬，祭、施、苦行，若是不仁，謂之「非真」，無益來世，無補今生。

## 般缽底第十八

阿周那曰：

諸根之主！

出世真諦，云何知？

捨離之義，又何在？

室利薄伽梵曰：

離私欲之造作，達士謂之出世；捐所作之業果，智者稱為捨離。

「盡捨諸業若去惡」，有牟尼如是而說；「祭施苦行永不棄」，餘者或如是而駁。

婆羅多之華胄！

且聽我說，捨離之義；其類為三，經論有記。

祭、施、苦行，但守無棄，祭、施、苦行，洗賢聖心。

凡此諸業，義所當作，為而無執，捨離業果，此理不易，我謂最妥。

棄職分以出世，乃義所不當為；為幻蔽而遁跡，出乎濁陰之謂。

視業為苦，畏身煩勞，如是出世，強陽所蹈，捨離之果，以此幽眇。

義之所在，守分盡職，無有染著，業果盡棄，如是捨離，中和稱之。

無惡惡業，無好好事，智者捨離，中和是立，如是斷惑，明達無疑。

凡有形命，不能捨業，但離業果，斯人棄絕。

人無捨離，業果有三：

如不如意，兩皆雜摻，形盡而至，造命兩間；然彼出世，業果無犯。

摩訶婆呵，聞於我說！

僧祛五因，業之究竟，凡所作為，以之有成。

身與作者，眾氣諸根，明神感應，是為五因。

諸業造作，以身語意，無論善惡，皆出五因。

但知有己，獨為作者，智慧未圓，五因不識，彼實愚癡，無見真諦。

若去我見，菩提離染，殺而無殺，不受業纏。

知與所知、能知為三，諸業籍以發動；諸根、所作與能作為三，諸業以之造作。

知、業、作者，各分為三，氣性所成，爾其細參。

於萬有中，乃見一致，殊而不分，體一不易，如是而知，中和稱之。

於萬有中，但見分別，性異質殊，不齊紛雜，彼知如是，必屬強陽。

執偏為全，滯著癡迷，無見真諦，瑣屑支離，彼知如是，濁陰生之。

守乎禮義，離於執著，無染愛憎，不求業果，業而如是，和氣所作。

行於我慢，追逐欲利，為而不捨，操之尤力，業而如是，強陽所詣。

始於幻妄，肆意無度，貽人傷害，作繭自縛，業而如是，濁陰所務。

離貪祛慢，無染我執，成敗不計，乾健不息，作者如是，中和所依。

執著業果，不厭求索，貪穢嫉妒，悲喜交迫，如是作者，強陽所惑。

浮蕩粗鄙，頑梗詐偽，陰鷙怠惰，因循頹廢，如是作者，陰濁是謂。

慧與念力，亦判為三，氣性所成，我今細勘。

知義不義，明進與退，洞察迷悟，畏與無畏，彼慧如是，中和是謂。

昧於正邪，禮與非禮，彼慧如是，強陽生之。

正邪顛倒，蔽於闇迷，彼慧如是，濁陰生之。

勤修瑜伽，不懈精進，調伏意念，氣與諸根，如是念力，出乎和氣。

滯執於法，名聞利養，生乎染著，貪求業果，如是念力，其為強陽。

憂懼悲苦，不脫迷幻，溺乎頹唐，空虛妄誕，念力如是，陰濁癡頑。

樂亦有三，爾其聽之，得而悅豫，諸苦皆離。

始如毒苦，其末如飴，此樂中和，催生菩提。

諸根觸塵，樂出陽氣，始如甘露，末比毒苦。

迷乎真性，終始幻偽，生於虛誕，怠惰昏睡，樂而如是，濁陰之謂。

無論天地，諸神與人，受制陰陽，無所逃逸。

品性異兮彼婆羅門、剎帝利、毗舍、戌陀，習有別兮其職分乃氣性所賦。

寧靜自制，苦行潔淨，容恕正直，虔敬覺明，婆羅門種，行乎本性。

勇武雄強，謀遠決明，慷慨無畏，王者之風，剎帝利種，行乎本性。

農耕貨殖，牧養乳牛，毗舍職分，本性所投；服勞力役，戌陀是守。

各盡己分，人皆入聖，如何成就，爾其諦聽。

孰彌六合，為天下母？

盡孝事彼，君子成務。

行義有失，勝於代庖，守分盡忠，永無惡報。

貢蒂之子！

職分天賦，有疵無棄，動必有過，煙為火蔽。

心無所執，克己沖澹，如是捨離，無為圓滿。

彼乃成就，獲無上智，入乎梵性，絕俗超世，略說其人，爾有所識。

明覺淨心，克己堅貞，無著根塵，不起愛憎。

身居幽寂，寡欲少食，恒處禪定，身語意密，不執能捨，遺世獨立。

滌除我慢，威能驕矜，遠乎嗔怒，玩好貪淫，離於我所，澹泊清靜，人而如是，梵道堪成。

覺悟梵道，歡喜悅逸，無悔無求，眾生等齊，如是皈依，入巴克提。

覺我之道，唯巴克提，孰證天理，必我來依。

雖作諸業，常住於我，我賜彼土，永在不滅。

心住於我，全然歸命，為我而作，與我相應，如是覺我，入乎妙明。

存思於我，我賜恩慈，一切業障，皆得渡濟；若執我慢，追逐業力，莫我是從，終將自蔽。

若執我慢，爾不願戰，斯願為虛，本性難撼。

妄念為蔽，爾不我從，氣稟所迫，不由自己。

阿周那！

寓乎內心，萬類真宰，受彼牽引，眾生行邁，摩耶為制，機輪所載。

婆羅多！

歸命於彼，奉爾身心，以彼恩慈，得入清靜，不朽故鄉，爾將永寧。

此道我授，玄之又玄，爾其深思，行乎所願。

爾為我愛，我今更道，最秘之教，極玄至妙。

受之於我，惟爾是保。

思我慕我，為巴克陀，敬事頂禮，一心在我，如是臻我，決定無錯，爾為我愛，我今許諾。

離一切法，唯我來依，我必救度，脫爾業力；如是信受，再無畏忌！

永毋以此相告，若人不修苦行，彼不仁而嫉妒，於我了無誠敬。

孰以此秘，授巴克陀，彼必臻我，以巴克提。

如是斯人，於我最親，雖有來者，無能彼勝。

若人研思，爾我論道，事我以智，彼所獻祭。

若人聽聞，敬信無詬，彼將超度，往生淨土。

檀南遮耶！

爾已聽聞，以一心乎？

無明幻惑，庶幾息乎？

阿周那曰：

無過之人！

我今開悟，賴君恩顧，幻妄得除，所記乃復，疑惑盡去，信願堅固，君之所命，我將馳赴！

桑遮耶曰：

如是我聞，大雄玄言，出華胥天，與帕爾特；乃生妙喜，身毛為豎。

我得親聞，最秘之教，瑜伽之主，論瑜伽道；如是恩賜，出毗耶娑。

吾王！

我聞妙道，玄奧奇特，思而又思，樂而復樂！

大王！

赫黎妙相，思之變色，憶而又憶，樂而復樂！

瑜伽之主，克利須那，神弓無敵，彼阿周那，二者若聚，其地轉法，乃有吉祥，勝利強大！

　　勝妙《薄伽梵歌》終此，悉檀譯畢於戊子年室利巴臘羅摩之降誕日。